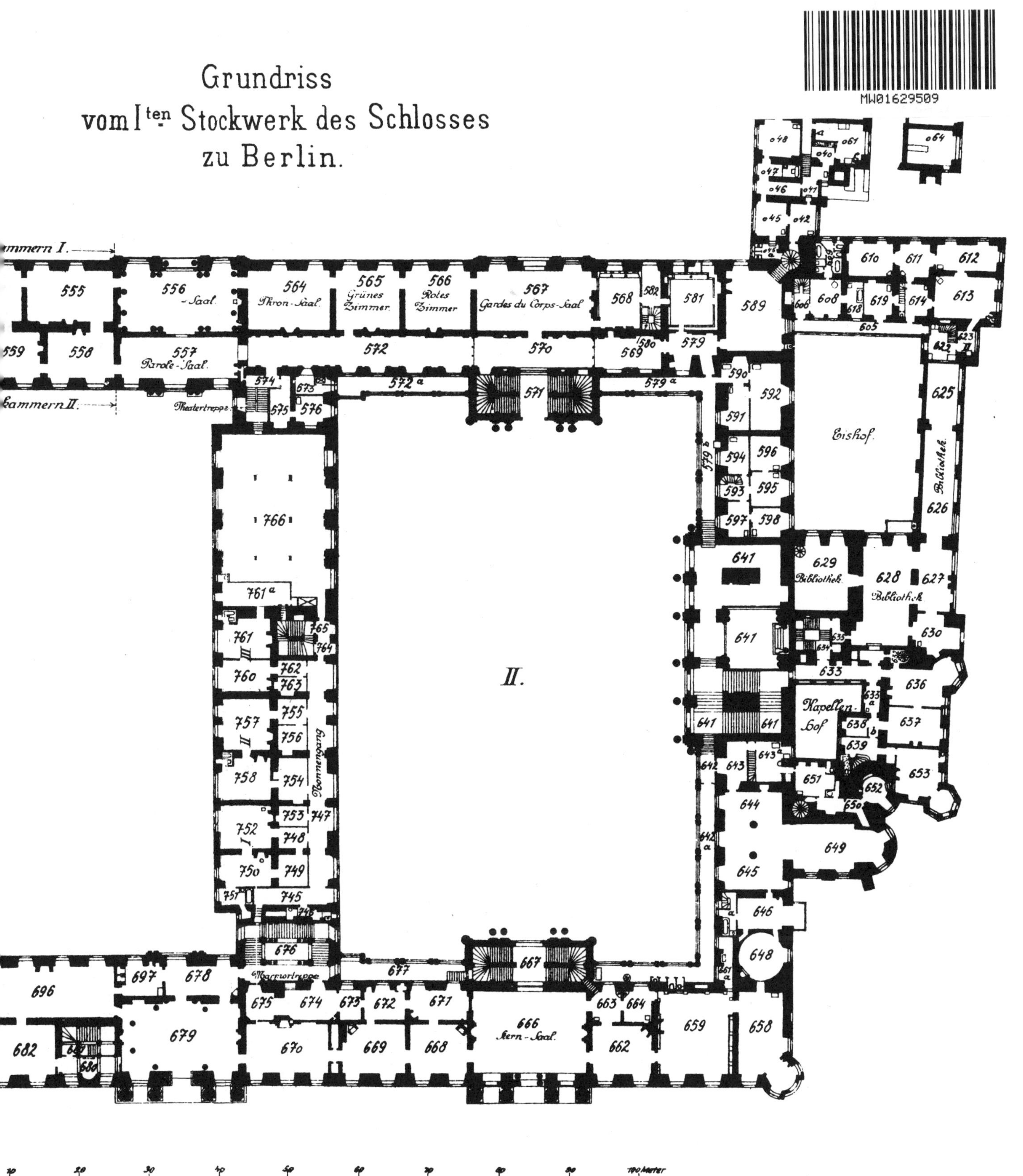
Grundriss
vom Iten Stockwerk des Schlosses
zu Berlin.
556 Saal
564 Thron-Saal
565 Grünes Zimmer
566 Rotes Zimmer
567 Gardes du Corps-Saal
557 Parole-Saal
Theatertreppe
Eishof
Bibliothek
629 Bibliothek
628 Bibliothek
Kapellen-Hof
II.
Sonnengang
Marmortreppe
666 Stern-Saal
100 Meter
Juli 1933

DAS BERLINER SCHLOSS

Richard Schneider

Das Berliner Schloss

in historischen Photographien

Lukas Verlag

Umschlagbild:
Schlossplatzflügel. Portal II und Neptunbrunnen, um 1910
Frontispiz:
Die Weiße-Saal-Treppe. Aufgang zur Schlosskapelle, 1916

Erstausgabe, 1. Auflage 2013

Lukas Verlag für Kunst- und Geistesgeschichte
Kollwitzstraße 57
D–10405 Berlin
www.lukasverlag.com

Reprographie: europrint medien
Satz und Umschlag: Lukas Verlag
Druck: Druckerei Thieme Meißen

Printed in Germany
ISBN 978–3–86732–164–8

INHALT

EINFÜHRUNG

Der älteste überlieferte Grundriss der beiden Residenzstädte Berlin und Cölln erschien im Jahre 1652 in der von Matthäus Merian und Martin Zeiller in Frankfurt am Main herausgegebenen *Topographia Electoratus Brandenburgici.* Geschaffen hatte die Darstellung Johann Gregor Memhardt, der zwei Jahre zuvor an die Spree gekommen war, um hier als Festungsbaumeister des Großen Kurfürsten zu wirken. Der Plan der Doppelstadt zeigt aus der Vogelperspektive, dicht am Cöllnischen Ufer der Spree, das kurfürstliche Schloss sowie das benachbarte Dominikanerkloster. Bemerkenswert ist ein als »Neuer Ausfluss der Spree« bezeichneter kanalähnlicher Graben, der erst von Memhardt angelegt worden war. Dieser Graben verbindet einen alten, dem Schutze Cöllns dienenden und sich dann verzweigenden Flussarm nordwestlich mit der Spree, sodass Cölln insgesamt als schmale, langgestreckte Insel erscheint. Schräg über die Mitte dieser »Insel« verlief zuvor die mittelalterliche Stadtmauer bis zum »Grünen Hut«, einem in den Schlossbau einbezogenen Mauerturm der Stadtbefestigung.

Ein wahrscheinlich 1646 entstandenes Gemälde zeigt das Schloss mit den Verdachungen des Kapellenturms in der Bildmitte und den Türmen der Dominikanerkirche in der rechten Hälfte. Der Künstler hat einen Standort auf ebener Erde gewählt und stellt die einzelnen Bauteile des Schlosses leicht überhöht dar. Von den städtischen Gebäuden Berlins ist wenig, von denen Cöllns fast nichts zu sehen. Man muss annehmen, dass es dem Kurfürsten Friedrich Wilhelm, der das großformatige Bild in Auftrag gab, vor allem um eine möglichst eindrucksvolle Darstellung des Schlosses zu tun war. So lässt die Komposition des Bildes die Doppelstadt als bürgerliches Gemeinwesen von nur untergeordneter Bedeutung erscheinen, kaum mehr als ein »Anhängsel« der kurfürstlichen Residenz. In diesem Sinne ist der Titel eines berühmt gewordenen Aufsatzes von Wolf Jobst Siedler zu verstehen: »Das Schloss lag nicht in Berlin – Berlin war das Schloss«. Mit diesem Essay begann 1991 die Debatte um dessen Wiederaufbau.

Die Anfänge des Schlosses »zu Cölln an der Spree« lassen sich sehr genau bestimmen, wenngleich die Bau- und Nutzungsgeschichte insgesamt kompliziert ist. Den Grundstein für den ersten Schlossbau hatte am 31. Juli 1443 Kurfürst Friedrich II. – der »mit den eisernen Zähnen« – gelegt und dies durch einen Hammerschlag »mit syn eegen Hand« bekräftigt. So berichtet es ein Chronist; über das Aussehen des Bauwerks erfahren wir von ihm allerdings nichts. Der spätmittelalterlichen Bauzeit entsprechend dürfte es noch eher an eine Burg als an ein Schloss erinnert haben. Wahrscheinlich handelte es sich bei dem Schloss Friedrichs II. Eisenzahn um eine wehrhafte, quadratische Anlage mit dem Hauptbau direkt an der Spree, nahe der Langen Brücke. Im Frühjahr 1451 konnte der Landesherr, dem bis dahin das Hohe Haus in der Klosterstraße zur Verfügung gestanden hatte, sein neues Schloss dauerhaft beziehen. Inwieweit dieses von den Bürgern tatsächlich als »Zwingburg« empfunden wurde und 1448 zu dem »Berliner Unwillen« führte, ist historisch umstritten. Den Quellen mangelt es an Eindeutigkeit, und dass der alten Freiheit der Doppelstadt durch den Schlossbau ein Zügel angelegt worden sei – *fraenum antiquae libertatis* –, ist eine Behauptung, die der Theologe und Historiker Albertus Crantzius erst Jahrzehnte später aufstellte. So mag es denn zutreffen, dass der »Zwingburgcharakter« des Schlosses, wie der Stadthistoriker Hans-Werner Klünner meinte, mehr darin bestand, dass es überhaupt existierte und somit von den Bürgern in der Auseinandersetzung mit dem Territorialherrn als Zeichen ihrer Niederlage angesehen wurde.

Das Schloss in Berlin, um 1690, Gemälde von einem nicht bekannten Künstler, bis 1945 in Schloss Tamsel bei Küstrin

Einen neuen Schlossbau sah Berlin dann im 16. Jahrhundert unter Joachim II. Hektor. Dieser war in der Reihe der brandenburgischen Kurfürsten der sechste, und sein antiker Beiname rührte daher, dass er sich als Kurprinz an einem Kampf des Reichsheeres gegen die Türken beteiligt hatte. Joachim II. machte Berlin zur festen Hauptresidenz, was auch dadurch zum Ausdruck kam, dass er die Kirche des Dominikanerklosters zur Schlosskirche und gleichzeitig zum Dom von Berlin erhob. Vor allem aber wünschte er sich ein repräsentatives Schloss, das aus zwei Flügeln bestehen sollte. Die Bauarbeiten begannen 1538 *a primis fundamentis* mit der Errichtung eines prächtigen Renaissanceflügels im rechten Winkel zum Eisenzahn-Bau des 15. Jahrhunderts. Die Pläne hatte Konrad Krebs geliefert, der Architekt des Schlosses Hartenfels in Torgau. Da Krebs bereits 1540 starb, lag die Bauausführung dann bei Caspar Theyß, der ebenfalls aus Sachsen kam. Vom alten Spreeflügel blieben der eckige Kapellenturm und der als »Grüner Hut« bekannte Turm der ehemaligen Cöllnischen Stadtbefestigung erhalten.

Die Schaufassade des neuen Renaissancebaus lag nach Süden, zur Stadtseite hin, und wer sich von dort her dem Schlossplatz näherte, erblickte ein Bauwerk von beträchtlicher Höhe. Recht informativ ist ein Gemälde, das Theodor Fontane im Schloss Tamsel bei Küstrin sah und in seinen »Wanderungen« beschrieb. Das Bild zeigte ein stattliches Gebäude mit drei Geschossen, einem altanartigen Vorbau in der mittleren Fensterachse sowie an den Ecken schlanke, geschlossene Erkertürme, denen luftige Architekturteile aufgesetzt sind. Das Dach wird durch hohe Zwerchhäuser geprägt, mit kleinen stehenden Gauben dazwischen. Die dem Bau im Erdgeschoss vorgesetzten Arkaden entstanden erst 1680. An der Spreefront erkennt man sowohl ältere als auch jüngere Teile des Schlosses. Bei der hölzernen Brücke im Vordergrund handelt es sich um die Lange Brücke, die dann 1692 in Stein erneuert wurde.

Was auf dem Gemälde dem Blick verborgen bleibt, ist der von den beiden Schlossflügeln gebildete Innenhof. Vor dem Spreeflügel erhoben sich, etwas nach links versetzt, dicht nebeneinander zwei ungleiche Türme. In dem schlanken, höheren Turm befand sich eine Wendeltreppe, in dem kürzeren und stärkeren eine »Reitschnecke«, also eine Wendelrampe. Vor der Hofseite des Stadtflügels erhob sich auf einem rechteckigen Unterbau eine durchbrochene »Wendelstiege«. Sie führte zu den oberen Wohngeschossen, einschließlich denen der Zwerchhäuser. Der Architekturhistoriker Goerd Peschken beschrieb diese Berliner Wendeltreppe als »Wunderwerk der Steinmetzkunst«: Außen ruhten ihre Stufen auf Pfeilern und schräg ansteigenden Brüstungen, innen aber aufeinander, sodass statt einer mittleren Spindel eine Öffnung gelassen war. Beim Hinaufsteigen konnte man durch dieses Treppenauge bis in das abschließende Gewölbe blicken.

Unter Kurfürst Joachim II. hatte der Ausbau des Schlosses beträchtliche Summen verschlungen. Mit dem Regierungsantritt Johann Georgs waren zunächst einmal Schuldenabbau und sparsame Haushaltsführung angesagt, was ihm den Beinamen *Oeconomus* einbrachte. Gleichwohl mochte er nicht gänzlich auf eine Erweiterung seiner Residenz verzichten. 1578, sieben Jahre nach Regierungsantritt, berief er den aus Italien stammenden Rochus Graf zu Lynar nach Berlin und ernannte ihn zu seinem obersten Artillerie-, Zeug- und Baumeister. Als erstes machte sich dieser an die

Vollendung der Spandauer Zitadelle, mit deren Bau man schon 1560 begonnen hatte. Gleichzeitig vergrößerte er im Berliner Schloss, am Ende des Spreeflügels, die Wohnung des Kurfürsten um zwei Räume, was einen viergeschossigen Anbau notwendig machte. Diesen stellte er quer zum Spreeflügel, sodass dadurch die innere nordöstliche Ecke des späteren Kleinen Schlosshofs festgelegt war. In den Quellen wird der Anbau als »drittes Haus« bezeichnet – nach dem Spreeflügel als erstem und dem Schlossplatzflügel als zweitem.

Im Jahre 1585 entstand ein Neubau für die Hofapotheke, in der Verlängerung des Spreeflügels nach Norden. Die erstaunliche Größe dieses Trakts und seine Lage außerhalb des eigentlichen Schlosses erklärt sich dadurch, dass hier – neben der eigentlichen Zweckbestimmung – in geheimen Laboratorien Gold hergestellt werden sollte. Johann Georg hatte zu diesem Zweck sogar seinen Hofapotheker nach Dresden zu dem Alchimisten des sächsischen Kurfürsten geschickt. Eine weitere bauliche Zutat erhielt das Schloss zwischen 1585 und 1590. Damals entstand das Haus der Herzogin, ein »Miniaturschloss«, das auf dem schmalen Streifen am Wasser vor dem Spreeflügel errichtet wurde, mit dem Hauptbau durch eine Bogengalerie verbunden. Der Name bezog sich auf eine Schwester des Kurfürsten, die nach früher Witwenschaft hier lebte. Stilkritische Vergleiche lassen bei »der Herzogin Haus«, wie Friedrich Nicolai das Gebäude nennt, auf Graf zu Lynar als Baumeister schließen. Es ist nicht uninteressant, dass schon Zeitgenossen dessen baukünstlerisches Vermögen in Frage stellten. Sie sprachen seinen Festungs- und Schlossbauten zwar Funktionalität zu, sahen aber in der äußeren Gestaltung eher platte Nüchternheit am Werk. Letztere kennzeichnete auch das sogenannte Quergebäude, das um 1594 errichtet wurde. Das Äußere des hohen Gebäudes, in dem sich neben Verwaltungsräumen eine Reihe von komfortablen Gästewohnungen befanden, war schmucklos und nur wenig gegliedert. Auffallend waren allein die Renaissancegiebel der Zwerchhäuser und eine leicht vorkragende Galerie zwischen dem dritten und vierten Geschoss.

Aus dem Jahr 1592 ist ein Stich überliefert, der bald danach im Druck erschien: »Aufzüge und Ringrennen so gehalten worden nach des Kurfürsten von Brandenburg Kindtaufen«. Anlass für die Darstellung war also die Feier einer Taufe mit Turnierspielen, welche Johann Georg auf der Stechbahn vor dem Schloss veranstalten ließ. Die Abbildung zeigt die prachtvolle Schlossfassade mit der Sockelquaderung, aber ohne die später vorgesetzten Arkaden, und eben das Ringrennen, auch Ringelstechen genannt. Die einzelnen Bahnen für die Reiter sind mit Schwibbögen besetzt, und in einem der Bögen hängt, wie die Bilderläuterung besagt, »der Ring, darnach man gerennet«.

Die Nachfolger Johann Georgs hießen Joachim Friedrich, Johann Sigismund und Georg Wilhelm, und gemeinsam war ihnen, dass es unter ihrer Herrschaft am Schloss so gut wie keine Bautätigkeit gab. Von Johann Sigismund ist zu berichten, dass er 1613 zum kalvinistisch-reformierten Glauben übertrat. Während der Hofstaat sich dem Schritt des Kurfürsten anschloss, hielt die Bevölkerung der Mark am Luthertum fest. Am 23. Dezember 1619 starb Johann Sigismund, erst 47 Jahre alt, im Hause seines Kammerdieners. Bei ihm wohnte der Kurfürst schon seit ein paar Wochen, denn im Schloss ging die Spukgestalt der »Weißen Frau« um. Wer sie erblickte, musste mit dem Schlimmsten rechnen …

Tod und Verderben, Not und Elend brachte der 1618 ausgebrochene Dreißigjährige Krieg über das Land. Der politisch glücklose Kurfürst Georg Wilhelm wechselte mal in das kaiserlich-katholische, mal in das schwedisch-protestantische Lager. 1638 verließ er seine Residenz an der Spree, um nach Königsberg auszuweichen, wo er 1640 starb. Die Nachfolge trat zwanzigjährig sein Sohn Friedrich Wilhelm an, der später, nach seinem Sieg über die Schweden bei Fehrbellin, den Ehrennamen Großer Kurfürst erhielt. Was das Schloss betrifft, so war die Zeit nach dem Friedensschluss 1648 vor allem durch Instandsetzungsarbeiten bestimmt. Dem Ingenieur und Festungsbaumeister Johann Gregor Memhardt wurde 1656 die Aufsicht über alle öffentlichen Gebäude übertragen. Als vordringlich erachtete der Kurfürst eine große, die Städte Berlin und Cölln umschließende Festungsanlage, mit deren Bau Memhardt 1658 begann. Der sternförmige Festungsring zählte dreizehn Bastionen mit einer Umwallung, der ein breiter Wassergraben vorgelagert war. Die Fertigstellung der Anlage zog sich bis 1683 hin.

Nach dem Tode Memhardts, 1678, bestimmte Johann Arnold Nering das Baugeschehen in Berlin. Unter seiner Leitung entstand als Neubau für das Schloss der Alabastersaal, ein repräsentativer Festsaal in der Verlängerung des Quergebäudes mit Fenstern zu beiden Höfen. Friedrich Wilhelm, der Große Kurfürst, starb 1688. Er hatte mit seiner Politik ehrgeizige Ziele verfolgt und seinen Blick weit über Brandenburg hinaus bis nach China und Afrika gerichtet. Ein allegorisches Gemälde, das um 1660 für das Schloss in Oranienburg entstand und neben vielen anderen Personen den Kurfürsten und seine Gemahlin darstellt, zeigt auf einem weißen Band die Devise *Plus Outre* – »Über das Mögliche hinaus!«

Die Nachfolge des Großen Kurfürsten trat 1688 sein Sohn Friedrich III. an, der schon als Kurprinz davon geträumt hatte, dereinst eine »Rangerhöhung« zu erreichen. Damit war der Titel eines Königs gemeint, eigentlich etwas Unmögliches, denn ohne die Zustimmung des Kaisers in Wien konnte ein deutscher Fürst nicht gut König werden. Doch nach zähen und langwierigen Verhandlungen erklärte der Kaiser, dass Friedrich sich »wegen seines Herzogtums Preußen« als König proklamieren könne. Am 18. Januar 1701 setzte sich letzterer im großen Saal des Königsberger Deutschordensschlosses eigenhändig die Krone aufs Haupt und nannte sich fortan Friedrich I., König *in* Preußen. Das Herzogtum Preußen, der seit 1525 säkularisierte Ordensstaat, war 1618 durch Erbfall an Brandenburg gekommen. Westpreußen hingegen blieb in polnischem Besitz – und darauf musste beim Titel Rücksicht genommen werden. Am Abend vor dem Krönungstag stiftete Friedrich den »Hohen Orden vom Schwarzen Adler«, der den Wahlspruch *Suum cuique* trug – »Jedem das Seine«.

Dass ihm, dem König, in seiner Residenzstadt ein großes und prächtiges Schloss zukomme, war für Friedrich I. ganz selbstverständlich. Und da ihm die ersehnte Rangerhöhung nur eine Frage der Zeit schien, hatte er sich schon seit langem mit dem Projekt eines neuen Schlosses beschäftigt – und dabei sogar an Versailles gedacht. Auch wenn das in jeder Hinsicht zu hoch gegriffen war, so gilt doch das Urteil des 1909 zum Schlossbaudirektor ernannten Albert Geyer: Die unter Friedrich I. geschaffenen Kunstwerke seien »ersten Ranges« gewesen und das veränderte und erweiterte Schloss müsse »geradezu eine Großtat« genannt werden.

Ab 1695 hatte die Bauleitung am Berliner Schloss für drei Jahre Martin Grünberg inne, doch ihm traute man am Hofe die Aufgabe eines repräsentativen und architektonisch überzeugenden Schlossbaus nicht zu. Ein Genie musste her! Und dass man es fand, nämlich in dem schon damals bekannten Bildhauer Andreas Schlüter, erwies sich als Glücksfall. Dem Kurfürsten war Schlüter – vielleicht durch Nering – »unterthänigst gerühmt« worden, sodass im Sommer 1694 seine Anstellung erfolgte. Schlüter, 1659 in Danzig geboren, hatte zuletzt am polnischen Königshof gewirkt. In Berlin wurde er mit Arbeit überhäuft, und obwohl er Bildhauer und nicht Architekt war, übertrug ihm der Kurfürst 1698 auch die Bauleitung am Zeughaus. Dieses war 1695 durch Nering begonnen worden, der für den großen Barockbau ein aufwändiges Skulpturenprogramm vorgesehen hatte. Meisterhaft umgesetzt wurde es dann von Andreas Schlüter. Höchste Bewunderung erregt bis heute ein Zyklus von 22 Masken mit Häuptern unterschiedlichen Alters im Hof der Vierflügelanlage, als Abschluss der Rundbögen des Erdgeschosses. Viele der von tiefem Schmerz gezeichneten Männerköpfe mit im Tode geschlossenen Augen tragen Diademe, kostbar geschmückte Stirnbänder, mithin Zeichen ihres hohen Ranges. Es handelt sich um die gestürzten Giganten der griechischen Mythologie. Im Zeughaus sollten die Plastiken den Triumph des »guten Herrschers« über seine Widersacher versinnbildlichen, gleichzeitig Ausdruck des politischen Selbstbewusstseins eines absolutistisch regierenden Fürsten.

Die Zweckbestimmung des Bauwerks mit seinen schlossähnlichen Fassaden verrät eine lateinische Inschrift über dem Hauptportal, ebenso benennt sie den Bauherrn: FRIDERICVS I. REX BORUSS(orum) P.P.P. AVG(ustus) INV(ictus) – Friedrich I., der erhabene und unbesiegte König der Preußen, wobei die Abkürzung auf alle übrigen Titel und Ämter verweist. Die staatsrechtlich zweifelhafte Bezeichnung »König der Preußen« focht Friedrich I.

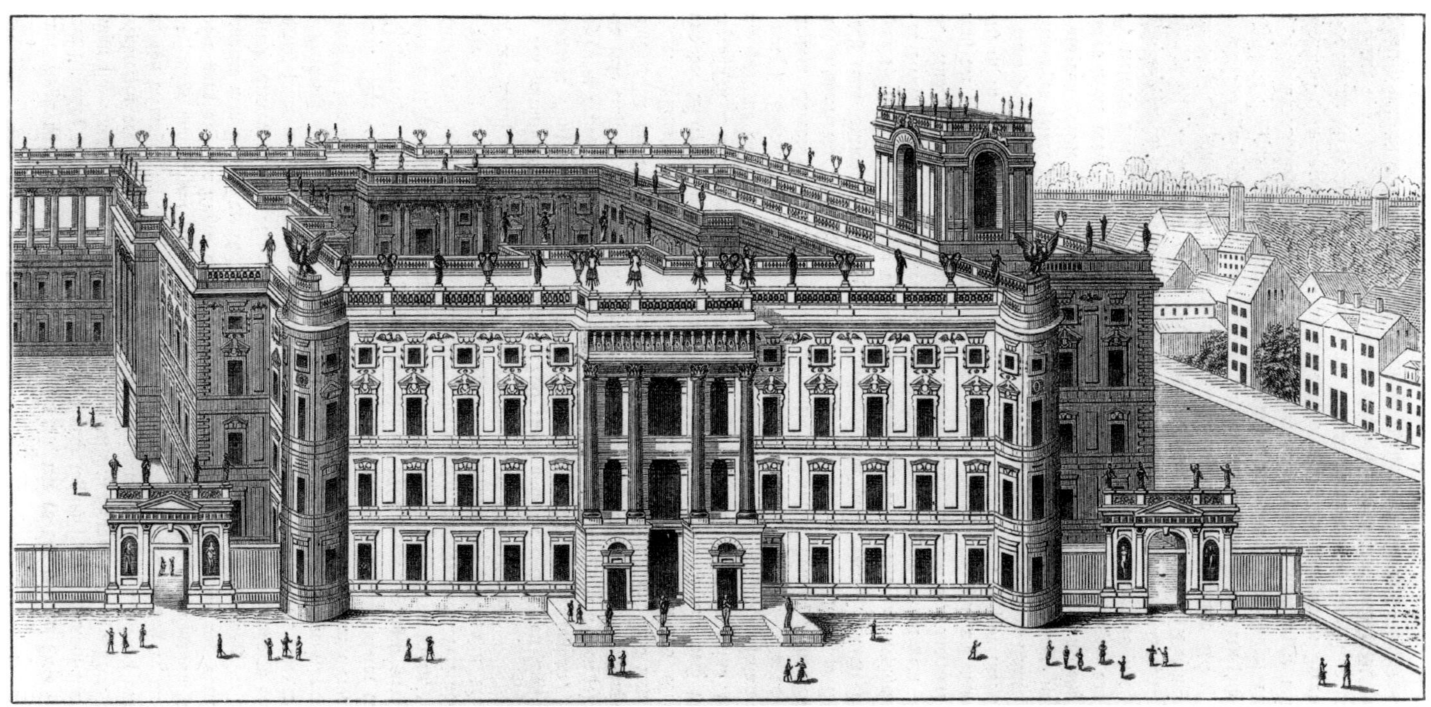

Das Berliner Schloss nach dem Entwurf von Andreas Schlüter, Kupferstich in: L. Beger, Thesaurus Brandenburgicus III, 1701

offenbar ebenso wenig an wie die am Ende der Inschrift stehende Jahreszahl: MDCCVI – 1706. Die bezog sich lediglich auf den Außenbau, vollendet von dem aus Frankreich stammenden Baumeister Jean de Bodt, der seit 1698 in Berlin wirkte. Die gesamte Fertigstellung des Waffenarsenals, das auch für die Sammlung von Kriegstrophäen gedacht war, sollte sich noch zwei Jahrzehnte hinziehen.

Andreas Schlüter war am 2. November 1699 zum Schlossbaudirektor ernannt worden, zu einem Zeitpunkt, als er die im Herbst 1698 begonnenen Umbauarbeiten am Schloss bereits leitete. Den Ausschlag für Schlüters offizielle Bestallung mag – neben der Vorlage von Bauplänen – ein Holzmodell des Schlosses gewesen sein, dessen Aussehen in zwei Stichen überkommen ist. Aus der Vogelperspektive sieht man bis in Einzelheiten, wie sich Schlüter das Schloss nach einem Umbau vorstellte: Eine geschlossene Vierflügelanlage mit einheitlichen Fassaden und markanten Mittelrisaliten sowie durchlaufende Erker als seitliche Abschlüsse des stadtseitigen Flügels und eine vor den zeitgemäßen Flachdächern umlaufende Balustrade. Die mittelalterlich wirkende Spreeseite sollte eine einheitliche Neugestaltung erfahren, überragt durch einen kubischen Turm mit großen Bogenöffnungen.

Bei der Realisierung seines Entwurfs musste Schlüter Abstriche hinnehmen. Das bezog sich vor allem auf den Spreeflügel, der einen Neubau erforderlich gemacht hätte, aber auch auf den Westflügel, der als Wiederholung des Schlossplatzflügels gedacht war. Doch im Wesentlichen konnte Schlüter seine Vorstellungen verwirklichen, und so erwuchs aus dem Renaissanceschloss der Kurfürsten in wenig mehr als zwei Jahren ein beeindruckendes Barockschloss. Am 6. Mai 1701 zog Friedrich I., von Königsberg kommend, mit seiner Gemahlin Sophie Charlotte unter feierlichem Glockengeläut und dem Jubel der Bevölkerung in Berlin ein. Den Schlossplatz erreichte »Ihro Königliche Majestät sitzend zu Pferde, mit vielen Schweitzern und

Laqueien umgeben«. Der *Adventus principis*, die Ankunft des Herrschers, war seit der Antike zu einem Zeremoniell ausgestaltet worden, das der fürstlichen Selbstdarstellung ebenso diente wie der inszenierten Begegnung von Herrscher und Volk. Seine neue Residenz empfand Friedrich I. als dem Rang eines Königs durchaus angemessen. Lorenz Beger, Herausgeber des Berliner Antikenkatalogs »Thesaurus Brandenburgicus«, urteilte über das Schloss, es sei *ad novissimas juxta, et exquisitissimas artis Architectonicae regulas* – »nach den neuesten und ebenso nach den vorzüglichsten Gesetzen der Baukunst« – errichtet.

Schlüters Ansehen beim König war in jenen Tagen höher denn je, und seine Stellung schien unerschütterlich – bis zur Katastrophe von 1706. Was war geschehen? Ein älterer Turm, der an der Nordwestecke des äußeren, von Stallgebäuden umgebenen Hofes stand, sollte architektonisch und künstlerisch aufgewertet werden, mit der Aufgabe – wie die Kunsthistorikerin Margarete Kühn formuliert –, »das Schloss nach außen als königlichen Bau zu signalisieren«. In dem ehemaligen Kanonenturm befand sich zu dieser Zeit die »Wasserkunst«, die vor allem zur Bewässerung des Lustgartens diente. Durch das Wasserrad wurde gleichzeitig eine Münzprägemaschine angetrieben. Dieser »Münzturm« sollte nun zum Wahrzeichen des Schlosses werden, beeindruckend schon allein durch die ihm zugedachte Höhe von mehr als neunzig Metern. Städtebaulich gesehen bildete der Turm eine Gelenkstelle, denn mit der Straße Unter den Linden und den sich nördlich und südlich von ihr entwickelnden Vorstädten war bereits eine Wendung vom alten Berlin-Cölln zu den neuen Stadtanlagen im Westen eingeleitet worden.

Dem Neuaufbau des Turms widmete sich Schlüter mit großer Leidenschaft, und schon sein erster Entwurf gab dem schlanken Bauwerk ein festlich heiteres Erscheinungsbild. Ausgeführt wurde dieser Entwurf indes ebenso wenig wie zwei weitere, weil sich herausstellte, dass der schon zur Hälfte hochgezogene Bau nicht standfest war. Er neigte sich bedenklich zur Seite, und die von Schlüter eiligst veranlassten Stabilisierungsmaßnahmen blieben wirkungslos. Das Mauerwerk bekam weitere Risse, die eisernen Verklammerungen einer Ummantelung brachen, und die Rammpfähle fanden für zusätzliche Fundamente keinen Grund. Schlüter sah, dass nichts mehr zu retten war, und begann deshalb Ende Juni mit dem Abbruch der oberen Turmteile. Eine vom König gebildete Kommission befand, der Turm müsse schnell in Gänze abgebrochen werden, um größeres Unheil zu verhüten. Der gerade in Holland weilende Monarch ließ wissen, er wolle bei seiner Rückkehr »wenigstens den Verdruß nicht haben, dieses so übelgeratene Gebäude noch vor Uns zu sehen«.

Schlüter tat sich schwer, die Verantwortung für das Debakel zu übernehmen. Bis zum Schluss hoffte er, den Münzturm retten zu können, doch in seinem Innern war er zutiefst getroffen. In einem auf den 27. Juni 1706 datierten Brief an den amtierenden Schlosshauptmann bekannte er: »Ich muß nicht allein leiden, daß ich mein so lang mit großer Mühe zusammen gebrachtes Werk abbrechen und davon in der Welt Schande haben muß, sondern ich muß auch Hertzeleid von dem gemeinen Mann auf der Straße und Nachrede in allen Häusern und Zechen leiden. Ich kann vor Traurigkeit nicht schlafen, vor Angst meiner Seelen, indem ich nicht weiß, wie es vor mir bei Hofe stehet, ob ich Gnade oder Ungnade erlangen werde, und muß doch noch täglich dabei sinnen, erfinden und arbeiten.« – Friedrich I. ließ Gnade walten. Zwar musste er Schlüter als Schlossbaudirektor entlassen, doch seine Wertschätzung für den großen Künstler, den Hauptmeister des norddeutschen Barock, blieb davon unberührt. Es zeugt von der Großmut des Königs, dass er Schlüter die Position des Hofbildhauers und seine Stellung in der Akademie beließ.

Die Münzturmkatastrophe von 1706 hatte den weiteren schnellen Aufstieg eines Mannes zur Folge, der aus einer schwedischen Familie stammte und 1699 in brandenburgische Dienste getreten war: Johann Friedrich (von) Eosander, der Briefe und andere Schriftstücke mit *d'Eosander, genand Göthe* unterzeichnete und in Berlin allgemein Eosander von Göthe hieß. Von Hause aus war Eosander Architekt, Offizier und Diplomat und noch einiges mehr. Er genoss das Wohlwollen des Königs wie auch das der Königin Sophie Charlotte, für die er seit 1702 die Erweiterungsbauten des Schlosses Lietzenburg, später Charlottenburg, ausführte. Nach Schlüters »Sturz« wurde

Eosander zum Schlossbaudirektor berufen, ein Mann, den Schlüter immer als ehrgeizigen Rivalen empfunden hatte. 1706 war Eosander Mitglied einer vom König gebildeten Untersuchungskommission gewesen; zwölf Jahre später gab er in dem deutschsprachigen Geschichtswerk *Theatrum Europaeum* einen ausführlichen Bericht über die damaligen Vorgänge: Aus Mutwillen und Ignoranz habe Schlüter schwere Fehler gemacht, und er hätte – wäre da nicht des Königs »sonderbare Clemence und Gütigkeit« gewesen – gehörig bestraft werden müssen, »damit sich niemand unterstehen möge, etwas zu unternehmen, welches er nicht verstehet«.

Dass Eosander von Göthe selber etwas von der Materie verstand, bezweifelte niemand, am wenigsten Friedrich I. Diesem schlug Eosander nun nichts Geringeres vor als eine Verdoppelung des Schlüterschen Schlosskomplexes nach Westen. Das entsprach ganz den Intentionen des Königs, der, als er sich 1708 an die Stände wandte, um für das Projekt neue Gelder zu erhalten, diesen erklärte, der Weiterbau und Umbau des Schlosses geschehe »nicht aus Lust, sondern aus necessität«. Eosanders Plan sah die Verlängerung des Lustgarten- und des Schlossplatzflügels vor, wobei er dem Fassadenaufriss seines genialen Vorgängers sehr genau folgte. Einen von Schlüter abweichenden Entwurf präsentierte Eosander für den Westflügel. In dessen Mitte sollte das neue Hauptportal liegen, umfangen von einem römischen Triumphbogenmotiv und bekrönt von einem etwa 100 Meter hohen Turm mit steiler Kuppel. Der Turm kam nicht zustande, und es sollte noch ungefähr anderthalb Jahrhunderte dauern, bis der Westflügel durch einen Kuppelaufbau akzentuiert wurde. Die Verlegung des Hauptportals vom Schlossplatz zum neuen Westflügel bewirkte eine Umorientierung des Schlosses nach Westen. Hier bildeten die Achse Unter den Linden und ihre Verlängerung durch den Tiergarten bis nach Charlottenburg wichtigere Bezugspunkte als die vom Schlossplatz nach Nordosten verlaufende Königstraße mit deren Reminiszenz an das weit entfernte Königsberg.

Am 18. Januar 1709, dem Jahrestag der Krönung Friedrichs I., war auf seine Anordnung hin die Vereinigung von Berlin und Cölln sowie der Vorstädte Friedrichswerder, Dorotheenstadt und Friedrichstadt unter einem gemeinsamen Magistrat erfolgt. Von nun an trug die Haupt- und Residenzstadt nur noch den Namen Berlin, eine Stadt, der zu jener Zeit die ehrenvolle Bezeichnung »Spree-Athen« zuwuchs. Sie findet sich erstmals 1706 in dem Loblied eines märkischen Dichters auf König Friedrich I., welcher in der Antike nachzuahmende Vorbilder sah, zumal im künstlerischen Bereich. In diesem Zusammenhang ist auch die 1696 erfolgte Gründung der »Akademie der Mal-, Bild- und Baukunst« zu sehen. Architektonisch war Berlin um 1700 von einem »Spree-Athen« noch weit entfernt; erst die klassizistischen Bauwerke eines Langhans und eines Schinkel gaben Assoziationen mit Athen und der Antike eine gewisse Berechtigung.

Im Jahre 1706 erschienen im Druck die Briefe des irischen Reiseschriftstellers und Philosophen John Toland, der eine Zeitlang auch in Berlin geweilt hatte und Gesprächspartner von Sophie Charlotte und Gottfried Wilhelm Leibniz gewesen war. Toland lobte das Interesse Friedrichs I. für Kunst und Wissenschaft und betonte zugleich, »welch wachsames Auge« dieser für die Zier der öffentlichen Bauten habe. Der Empfänger der Briefe wurde besonders auf das Schloss aufmerksam gemacht: Bestimmt habe derselbe noch nie etwas Prächtigeres gesehen als eben diesen Palast – und wenn doch, so sei er vielleicht »geraumer aber nicht so regular« gewesen. Als sich Toland in Berlin aufhielt, dauerten die Arbeiten am Schloss noch an; die von ihm hervorgehobene Regelmäßigkeit bezog sich also auf den Schlüterbau. Die Verlängerung des Lustgartenflügels sowie die Errichtung von zwei Dritteln des neuen Westflügels, das Triumphportal eingeschlossen, wurden erst 1707 bis 1713 unter Eosander ausgeführt. Eine Vollendung seines Werkes blieb ihm versagt, da der König 1713 starb.

Die Nachfolge trat sein damals vierundzwanzigjähriger Sohn Friedrich Wilhelm I. an, den man später den »Soldatenkönig« nannte. Tiefer als von ihm vollzogen konnte der Bruch mit dem bisher gewohnten Regierungsstil nicht sein. Ein »Kassensturz« brachte an den Tag, was der neue König schon als Kronprinz vermutet hatte: Der Staat war nahezu bankrott. Die ersten Sparmaßnahmen galten dem Hofstaat mit der Abschaffung der Ämter, die Friedrich Wilhelm für überflüssig hielt, vom Oberzeremonienmeister abwärts. Zu denen, die entlassen wurden, gehörten auch die meisten Künstler – falls sie nicht von selbst das Weite suchten. Andreas Schlüter folgte einem Ruf Peters des Großen nach St. Petersburg, der neuen russischen Hauptstadt. Erst 55 Jahre alt, starb er dort schon 1714, nicht mal ein Jahr nach seiner Ankunft. Eosander von Göthe fiel beim König in Ungnade und verließ Berlin, um sich in schwedische Dienste zu begeben.

Friedrich Wilhelm I. war in fast allem das Gegenteil seines Vaters; künstlerische Ambitionen und geistige Interessen waren ihm suspekt, und das meiste hielt er sowieso für »philosophischen Firlefanz«. Es war daher nicht selbstverständlich, auch im Hinblick auf seine rigorose Sparsamkeit, dass er sich dazu durchrang, die Baulücke zwischen dem Eosander-Portal und dem Schlüterschen Schlossplatzflügel schließen zu lassen. Nach einjähriger Unterbrechung wurden die Arbeiten im Frühjahr 1714 wieder aufgenommen. Zum neuen Hofbaumeister hatte der König den bisherigen Bau-Conducteur Martin Heinrich Böhme bestimmt, der bis dahin nur wenig in Erscheinung getreten war. Erwähnung fand er später bei Friedrich Nicolai, der berichtete, dass Böhme »die angefangenen Gebäude bis unters Dach« im Jahre 1716 vollendet habe.

Anders als von Eosander vorgesehen musste nach dem Willen des Königs auf den Turm über dem Hauptportal und auf den Abbruch des Querriegels im Hofinnern verzichtet werden, und auch die Spreefront blieb wie sie war. Mit der Fertigstellung des Schlosskomplexes hatte Friedrich Wilhelm I. im Wesentlichen den Wunsch seines Vaters nach einer großen, homogen wirkenden Residenz erfüllt. Allerdings überließ er eine erhebliche Zahl von Räumen dem Generaldirektorium und anderen Behörden. Auch die Umgebung des Schlosses sah er pragmatisch: Den Lustgarten mit seinen Zierpflanzen und Fontänen ließ er kurzerhand einebnen und in einen staubigen Exerzierplatz umwandeln. Die Gebäude des auf dem Schlossplatz gelegenen ehemaligen Dominikanerklosters waren schon Anfang des Jahrhunderts beseitigt worden, und 1747 wurde – weil in das Bild einer barocken Residenz nicht recht passend – auch die Domkirche selbst abgebrochen. Sie war schon seit längerem nicht mehr standfest, und außerdem habe sie, wie Friedrich II. bemängelte, »den gantzen Prospect vom Schlosse und den vor solchem befindlichem Platz deformiret«.

Friedrich II. hatte 1740 die Nachfolge seines Vaters angetreten, von dem er sich in seinem Wesen und in seinen geistigen Ansprüchen völlig unterschied. Im Jahre 1747, als das Schloss auf der Südseite in ganzer Ausdehnung »freigelegt« wurde, fand auf einem terrassierten Weinberg im südwestlich von Berlin gelegenen Potsdam die Einweihung eines Lustschlösschens statt, das er dort für sich hatte bauen lassen. Hier wollte Friedrich II. nicht repräsentieren, sondern *sans souci* – »ohne Sorge« – seinen musischen und philosophischen Neigungen nachgehen. Er förderte Kunst und Wissenschaft und betätigte sich leidenschaftlich als Bauherr. Dabei wandte sich sein Interesse mehr und mehr von Berlin ab und Potsdam zu. Bei seinem Regierungsantritt hatte Friedrich II. noch erwogen, Charlottenburg zu seiner Residenz zu machen, und deshalb Knobelsdorff den Auftrag für den Bau des Neuen Flügels erteilt. Dem Berliner Schloss jedenfalls mochte er nichts abgewinnen; seine Aufenthalte hier waren immer nur sporadisch und in der Regel durch wiederkehrende gesellschaftliche Anlässe bedingt. Gleichwohl ließ er die für ihn vorgesehenen Räume im ersten Stockwerk, mit Blick auf den Schlossplatz und die Spree, renovieren und einige von ihnen nach seinen Vorgaben neu gestalten.

Seit 1772 konnte sich Friedrich der Große, wie man ihn schon zu Lebzeiten nannte, offiziell König *von* Preußen nennen. Im Bunde mit Russland und Österreich hatte er sich bei der sogenannten Ersten Polnischen Teilung Westpreußen genommen, sodass Polen in Bezug auf den Titel des preußischen Königs nun keine Vorbehalte mehr geltend machen konnte. Friedrich II. starb am 17. August 1786 in Sanssouci. Das Berliner Schloss war von ihm schon lange gemieden worden. Nachfolger wurde sein Neffe Friedrich Wilhelm II. Dieser nahm in gewisser Weise die kulturellen Bestrebungen des ersten preußischen Königs wieder auf, und Berlin errang durch ihn – so urteilt Goerd Peschken – »mit einem Schlag die künstlerische Führung in Deutschland«. Zu denen, die er in die preußische Hauptstadt berief, gehörten Friedrich Wilhelm von Erdmannsdorff, Carl Gotthard Langhans, David Gilly und Johann Gottfried Schadow. Anders als bei seinem Vorgänger, der stilistisch am Barock festgehalten hatte, setzte sich nun der Klassizismus durch. Im Lustgartenflügel richtete sich Friedrich Wilhelm II. die »Königskammern« ein, geschaffen im Stil des Frühklassizismus durch Erdmannsdorff und den schon seit 1764 in Berlin und Potsdam tätigen Carl von Gontard. Die im Schlossplatzflügel gelegenen Wohnräume der Königin wurden durch Langhans gestaltet. Dieser war spätestens im Frühjahr 1787 vom König beauftragt worden, für den westlichen Abschluss der »Linden« – jener barocken *Via triumphalis* – ein neues Stadttor zu entwerfen. Seit 1735 befand sich hier, an einem als Quarré bezeichneten Platz, eine bescheidene, im Zusammenhang mit der Akzisemauer errichtete Toranlage. Das neue Brandenburger Tor sollte nach Absicht des Königs auf der städtebaulich wichtigen, vom östlichen Lustgartenportal ausgehenden Achse einen wirkungsvollen Blickpunkt bilden.

Im November 1797 bestieg ein neuer Herrscher den Thron: Friedrich Wilhelm III., der sich als erstes mit einem hochverschuldeten Staatshaushalt konfrontiert sah. Für großartige neue Unternehmungen war kein Geld da, und beim Schloss mussten die beschränkten finanziellen Mittel in dessen Restaurierung fließen. Hundert Jahre nach Schlüter war der Zustand des Bauwerks besorgniserregend. So mussten zum Beispiel das Hauptgesims und die Balustraden erneuert werden, und besonders dringlich war die Erneuerung eines Flügelteils im Kleinen Schlosshof. Als störend und für eine Residenz unwürdig empfand der König, dass sich im Schloss so viele Verwaltungsbehörden eingenistet hatten. Immerhin nutzten diese im Jahre 1806 noch mehr als sechzig Räume, verteilt auf alle Flügel. Auf Veranlassung Friedrich Wilhelms III. hatten sämtliche Dienststellen das Schloss schrittweise zu räumen.

Gleich nach dem Regierungsantritt war allgemein erwartet worden, dass der neue König mit seiner Familie ins Schloss hinüberziehen würde. Doch darin sah man sich getäuscht. Friedrich Wilhelm, seit 1793 mit Luise von Mecklenburg-Strelitz verheiratet, blieb zeitlebens im nahegelegenen Königlichen Palais wohnen. Dieses Gebäude, ursprünglich ein Privathaus, war 1732 als Kronprinzenpalais für Friedrich (II.) zu einem stattlichen Barockpalais umgebaut worden. Am 31. Mai 1840 feierte man in Berlin das einhundertjährige Jubiläum der Thronbesteigung Friedrichs des Großen. Eine Woche später starb Friedrich Wilhelm III. Seine letzte Ruhestätte fand er neben seiner ersten Gemahlin in dem von Schinkel entworfenen Mausoleum im Charlottenburger Schlosspark.

Karl Friedrich Schinkel, der geniale preußische Baumeister, vielseitig begabt als Architekt, Maler, Bühnenbildner und Raumgestalter, verschied im Oktober 1841. Neben seiner Hinwendung zur Gotik, die man als nationalen Stil empfand, war Schinkel Hauptvertreter des Klassizismus. Außer der Neuen Wache und dem Schauspielhaus ist es vor allem das Alte Museum, das bis heute wegen seines klaren Erscheinungsbildes ins Auge fällt. Städtebaulich bedeutsam war, dass Schinkel das 1830 eröffnete Museum an den nördlichen Rand des Lustgartens gesetzt hatte. Mit dem von ihm zehn Jahre zuvor umgebauten Dom und dem monumentalen Schloss bildete es eine »symbolische Dreieinigkeit«: Kunst, Kirche und Königtum – geometrisch gesehen in Form eines langgezogenen, fast gleichschenkligen Dreiecks mit dem alten, 1750 erbauten Dom an der Spitze. Wer von Westen kam, konnte in Höhe der Schlossbrücke alle drei Bauwerke mit einem Blick erfassen.

Um zum Schloss, der Residenz des Königs, eine gewisse Distanz herzustellen, wurde dem Lustgartenflügel eine flache Terrasse mit Mauer und Balustrade vorgelegt. Diese bauliche Ergänzung ließ Friedrich Wilhelm IV., der 1840 die Nachfolge seines Vaters angetreten hatte, in den ersten Jahren seiner Regierungszeit ausführen. Die allerdings wichtigste und den Anblick des Schlosses auf Dauer bestimmende Maßnahme betraf den Westflügel. Hier, über dem Eosander-Portal, wurde nach Plänen von Friedrich August Stüler ab 1845 die achteckige Schlosskapelle errichtet, ein mächtiger Kuppelbau mit aufgesetzter Laterne. Durch die markante und in ihrer Form eigenwillige Kuppel erfuhr das Schloss eine zusätzliche und augenfällige Bewegungsrichtung nach Westen – ähnlich und doch anders als es der Schlütersche Münzturm und Eosanders hochstrebender Turmbau bewirkt hätten.

Ganz im Gegensatz zu seinen konservativen politischen und religiösen Ansichten stand Friedrich Wilhelms IV. Aufgeschlossenheit für Wissenschaft und Technik. Er besaß zudem eine große künstlerische Begabung und hatte den Ehrgeiz, sich auch als Architekt zu betätigen. Über sich selber befand er schon als Kronprinz: »Es wird mir nicht schwer, dem Auge hinzustellen, was ich recht lebendig fühle.« Stüler berichtete später über den König: »So liebte er, die Grund-Idee der auszuführenden Bauwerke, mehr oder minder ausgearbeitet, in kleinem Maßstab selbst zu skizzieren und die weitere Ausarbeitung dem Architekten zu übertragen.« Nachfolger Friedrich Wilhelms IV. wurde im Oktober 1861 sein jüngerer Bruder Wilhelm I. Schon 1858 hatte er offiziell die Regentschaft für den kranken König angetreten, dessen romantisch-ständische Ideen ihm aber fernlagen. Er war in allem – so hatte ihn seine Mutter, die Königin Luise, bereits in jungen Jahren charakterisiert – »einfach, bieder und verständig«. Und so blieb er auch nach 1861 im Palais Unter den Linden wohnen, das er ein Vierteljahrhundert zuvor für sich und seine Gemahlin Augusta hatte bauen lassen. Veränderungen am Schloss hielten sich unter ihm in Grenzen. Im Schlüterhof ließ Wilhelm I., seit 1871 auch Deutscher Kaiser, die Fassaden von Quergebäude und Alabastersaal in einem renaissanceartigen Stil neugestalten, und die Hofgalerien Schlüters wurden an den Schmalseiten westlich der beiden Portalrisalite fortgeführt. Auf der Lustgartenseite erforderten der Neubau einer Spreebrücke und eine auf sie zuführende breite Straße die Verkürzung des Apothekenflügels um etwa ein Drittel.

Das Jahr 1888 ist in die preußisch-deutsche Geschichte als »Dreikaiserjahr« eingegangen: Auf Wilhelm I. folgte für 99 Tage sein schwerkranker Sohn Friedrich III. und auf diesen Wilhelm II. Als Kronprinz hatte Friedrich III. für sich und seine englische Gemahlin Prinzessin Victoria 1859 wunschgemäß das Neue Palais in Potsdam zugewiesen bekommen. Für das Berliner Schloss und die nahe Umgebung hatte er während seiner langen Kronprinzenzeit Pläne ausarbeiten lassen, die durch seinen frühen Tod nicht verwirklicht wurden. Die Konzeption dieser »Neugestaltungsmaßnahmen« lag in Händen des Architekten Julius Carl Raschdorff, dem Albert Geyer attestierte, er sei ein Mann »ohne Kenntnis des Schlosses und auch ohne Begabung«. Überragt werden sollte das Schloss nach Raschdorffs Vorstellung von einem 140 Meter hohen Turm – »in Erinnerung an den geplanten Schlüterschen Münzturm, als Bindeglied zwischen Dom und Schloss«. Das einzige, was von Raschdorffs Entwürfen übrigblieb, war der 1894 begonnene Neubau des Berliner Doms, nachdem man im Jahr zuvor den durch Schinkel umgebauten alten Dom abgebrochen hatte. Der neue Dom, die Hauptkirche des deutschen Protestantismus, wurde 1905 in Anwesenheit Kaiser Wilhelms II. eingeweiht. Schon Zeitgenossen empfanden das Bauwerk als »lärmend protzigen Schwall« und »im Maßstab vollkommen vergriffen«.

Als laut und auftrumpfend, sich politisch ständig im Ton vergreifend, so wirkte dieser Kaiser auf viele im In- und Ausland, irritierend für Freunde und Feinde. Das wilhelminische Zeitalter war, wie Sebastian Haffner urteilt, »eine hochdramatische Geschichte von Glanz und Elend, Höhenflug und Absturz«. Schauplatz der Ereignisse war Berlin; als Wohnort bevorzugte Wilhelm II. aber das Neue Palais in Potsdam, wo er schon seine Kindheit verbracht hatte. Von April oder Mai bis zum ersten Tag des neuen Jahres pflegte der Kaiser mit seiner Familie im Neuen Palais zu wohnen, das einst Friedrich der Große hatte erbauen lassen. Das Berliner Schloss hatte mehr die Funktion einer Winterresidenz, doch war Wilhelm II. der einzige der drei Hohenzollernkaiser, der es immerhin wieder bewohnte. Hofbaumeister war seit 1888 Ernst von Ihne, den Wilhelm II. mit der Neugestaltung der für ihn und seine Gemahlin vorgesehenen Wohnräume beauftragte. Auch die Festsäle sollten in neuem Glanz erstrahlen, allen voran der berühmte Weiße Saal, den der Kaiser vergrößern und aufwändig dekorieren ließ. Überhaupt wurde am Schloss viel verändert, umgebaut und instandgesetzt, wobei Wilhelm II. darauf Wert legte, dass nach Möglichkeit alles »im Schlüterschen Stile« gehalten werde.

Von effektvoller städtebaulicher Wirkung war die 1892 erfolgte Niederlegung der Wohnbebauung an der »Schlossfreiheit«, gegenüber dem Westflügel des Schlosses. Eines der schönsten Gemälde Eduard Gaertners, entstanden 1855, zeigt die Rückfront der Häuser entlang des Spreekanals, hinterfangen von Stülers Kuppelaufbau. Erst durch den Abbruch dieser geschlossenen Häuserreihe konnte der Blick ungehindert auf das Hauptportal fallen, wodurch sich das Schloss nun erst recht nach Westen zu orientieren schien. Seine Freilegung machte die Errichtung eines Nationaldenkmals für Kaiser Wilhelm I. möglich. Hier, gegenüber dem Triumphportal Eosanders, hatte nach Ansicht des Enkels Wilhelm II. ein solches Denkmal seinen rechten Platz: Wilhelm I. hoch zu Ross, triumphierend als Sieger, inmitten einer kolossalen Anlage. Übertroffen wurde das hohle Pathos des »Nationaldenkmals« dann nur noch von der Siegesallee, deren erste Standbilder im März 1898 der Kaiser mit großem Pomp enthüllte.

Bis zum Untergang der Hohenzollernmonarchie sollte es dann nur noch zwei Jahrzehnte dauern. Nach dem verlorenen Ersten Weltkrieg verkündete am 9. November 1918 Reichskanzler Max von Baden die Abdankung des Kaisers. Einen Tag später ging Wilhelm II. ins Exil nach Holland. Als Residenz gekrönter Häupter hatte das Schloss ausgedient. Jetzt, in der Zeit der Republik, bekam es eine neue Nutzung als »Schlossmuseum«: Im Sommer 1920 zog das Kunstgewerbemuseum von seinem Haus in der Prinz-Albrecht-Straße, dem heutigen Martin-Gropius-Bau, in das Schloss um, wo es zunächst siebzig Räume belegte. Die offizielle Eröffnung fand am 1. September 1921 statt. Und weil der riesige Komplex insgesamt mehr als achthundert Räume umfasste, folgte noch eine Vielzahl anderer Kultur- und Verwaltungseinrichtungen. Als »Museumsschloss« war die ehemalige Hohenzollernresidenz für das Publikum nur eingeschränkt zugänglich. Die Wiederherstellung der historischen Räume gestaltete sich schwierig, da man den größten Teil der Ausstattung in fünfzig Eisenbahnwaggons dem abgedankten Kaiser hinterhergeschickt hatte. So blieb nichts übrig, als die – mit wenigen Ausnahmen – von Möbeln, Bildern und Dekorationsstücken jeglicher Art entblößten Räume »stilgerecht« zu rekonstruieren. Ab 1926 konnten dann die früher von der kaiserlichen Familie genutzten Räume im ersten Stockwerk des Schlossplatzflügels als »Historische Wohnräume« besichtigt werden.

Die Nationalsozialisten hatten mit der ehemaligen Hohenzollernresidenz nicht viel im Sinn; sie mieden das Schloss, und Hitler hat es, soviel man weiß, nie betreten. Völlig neugestaltet wurde für die Feiern zum 1. Mai der benachbarte Lustgarten. Es entstand ein großer schmuckloser Aufmarschplatz, quadratisch gepflastert für die Gruppierung der Massen in Reih und Glied. Das Schloss diente für die Kundgebungen des Regimes nur noch als Kulisse, und der Dom wurde bei solchen Anlässen durch eine Wand von Fahnen verdeckt. Am 18. Februar 1943 rief Propagandaminister Goebbels im Sportpalast den »Totalen Krieg« aus. Zwei Jahre später, am 3. Februar 1945, wurde das Schloss von unzähligen Bomben getroffen und brannte vier Tage lang. Einigermaßen glimpflich kam die Nordwestecke mit dem Weißen Saal davon. Erhalten blieben auch die Außenmauern mit dem plastischen Schmuck, die tragenden Wände im Innern und größtenteils die Haupttreppenhäuser. Während des »Kampfes um Berlin« wurden dem Schloss in den letzten Apriltagen 1945 weitere Schäden zugefügt. Aber in dem endlosen Trümmerfeld, so schrieb später Hans-Werner Klünner, »bildete die noch immer imposante Schlossruine auch weiterhin das Herz der Stadt«.

Den Kommunisten, die ab Mai 1945 im Ostteil Berlins das Sagen hatten, war das Schloss – auch in seinem zerstörten Zustand – ein Dorn im Auge. Die Beseitigung des Bauwerks wurde endgültig auf einer Sitzung der DDR-Regierung am 23. August 1950 beschlossen, zu einem Zeitpunkt, als öffentlich noch über dessen weiteres Schicksal diskutiert wurde. In einem dramatischen Hilferuf brachte der renommierte Kunsthistoriker Richard Hamann zum Ausdruck, was viele empfanden: Ein Verlust des Schlosses sei niemals zu verschmerzen; mit ihm werde das ganze Berlin zusammenstürzen. Dem Ministerpräsidenten Otto Grotewohl überreichte Hamann, immerhin Nationalpreisträger der DDR, ein Schriftstück, in dem es hieß: »Kunstwerke wie das Schloss sind sichtbare und deshalb wahrhaftigere Dokumente als Worte.« Grotewohl nahm daraufhin die Schlossruine noch einmal in Augenschein, um dann lapidar zu erklären: »Jetzt schreien alle, und wenn das Schloss weg ist, kräht kein Hahn mehr danach!« Trotz zahlreicher Proteste aus Ost und West, trotz aller Appelle und Denkschriften ließ die kommunistische Führungsriege, an ihrer Spitze Walter Ulbricht, in ihrem Hass auf die Hohenzollernresidenz und alles Preußische die Ruine des Bauwerks sprengen und danach bis auf den letzten Stein abtragen. Die Sprengungen fanden in der Zeit zwischen dem 7. September und dem 30. Dezember 1950 statt, und die Zuständigkeit dafür lag ausgerechnet beim Ministerium für Aufbau. Der Schriftsteller Walther Kiaulehn befand: »Man riß der Stadt, die aus tausend Wunden blutete, auch noch das Herz aus der Brust und setzte ihr als Ersatz dafür eine kolossale Tribüne aus Beton ein.« Die bis dahin diagonal auf das Schloss zuführenden »Linden« endeten im Nichts. Statt dessen hatte man jetzt den von Ulbricht geforderten großen Demonstrationsplatz, bestehend aus der Fläche des verschwundenen Schlosses sowie dem Lustgarten, dem Schlossplatz und der Schlossfreiheit. Zum 1. Mai 1951 erhielt das gesamte Areal den Namen Marx-Engels-Platz. An jenem Tag ließ man Zehntausende Werktätige in geordneten Kolonnen an der Partei- und Staatsführung der DDR vorbeiziehen und ihre Bereitschaft für den Aufbau des Sozialismus bekunden.

Dass ein Wiederaufbau des Schlosses möglich gewesen wäre, zeigt die Tatsache, dass in dem restaurierten Weißen Saal sowie in den darunterliegenden Räumen schon zwischen August 1946 und März 1948 vier große Ausstellungen stattfanden. Am 22. August 1946 wurde die von Hans Scharoun, dem Stadtrat für Bauwesen, organisierte Ausstellung »Berlin plant« eröffnet. Die Menschen kamen in Scharen, um zu sehen, wie sie zukünftig in ihrer Stadt leben sollten, nutzten die Gelegenheit aber auch, um wenigstens in einen Teil des Schlosses hineinzugelangen. Acht Wochen später, am 21. Oktober, begann die Ausstellung »Moderne französische Malerei«, die erste große Kunstausstellung nach Kriegsende in Berlin. Tausende strömten herbei, um die Bilder der Impressionisten und anderer Maler der Moderne zu betrachten. Gleichzeitig machte der Weiße Saal den Menschen klar, was sie verloren hatten, aber auch, wie das gesamte Bauwerk aussehen könnte, wenn man es aus den Ruinen auferstehen ließe.

Das im Westen gelegene Charlottenburger Schloss, stärker zerstört als das Berliner Schloss, wurde wiederaufgebaut. Nicht weil hier die Einsicht bei den politisch Verantwortlichen unbedingt größer gewesen wäre, sondern weil öffentliche Proteste den vorgesehenen Abriss der Ruinen verhinderten. Zu verdanken war das besonders dem couragierten Einsatz der West-Berliner Schlösserdirektorin Margarete Kühn. Der Wiederaufbau begann 1950 und wurde sechs Jahre später mit dem Aufsetzen der die Kuppel bekrönenden »Fortuna« zu einem vorläufigen Abschluss gebracht. Wer heute das Charlottenburger Schloss sieht – und es nicht besser weiß –, muss den Eindruck gewinnen, das Schloss habe Glück gehabt und sei heil durch den Krieg gekommen.

Was die Berliner mit der Vernichtung des Stadtschlosses verloren hatten, wurde ihnen vier Jahrzehnte später noch einmal vor Augen geführt, als vom 1. Juli 1993 bis zum 30. September 1994 am originalen Standort eine Simulation im Maßstab eins zu eins zu sehen war. Allerdings wurde dieser Standort damals zu einem guten Drittel durch den »Palast der Republik« eingenommen, einem 1976 fertiggestellten, unmittelbar am Spree-Ufer errichteten Mehrzweckbau, der mit seiner nördlichen Seite über den ehemaligen Lustgartenflügel hinausragte. Er war in den Honecker-Jahren auch Sitz der Volkskammer, des Parlaments der DDR, und mit seinen zahlreichen Veranstaltungsräumen gleichzeitig ein von der Öffentlichkeit vielfrequentiertes Kulturhaus. In dieser Doppelnutzung sollte und konnte er als ein Symbol des Staates gelten. Am 23. August 1990 erklärte hier die erstmals demokratisch gewählte Volkskammer den Beitritt der DDR zum Geltungsbereich des Grundgesetzes der Bundesrepublik Deutschland gemäß Artikel 23 mit Wirkung vom 3. Oktober 1990: dem Tag der deutschen Wiedervereinigung.

Die Schloss-Simulation bestand aus einer mit den historischen Fassaden bemalten Plane, welche auf ein riesiges Stahlgerüst montiert worden war. Die Initiative für das Projekt hatten der Hamburger Unternehmer Wilhelm von Boddien sowie seine Mitstreiter im Förderverein Berliner Schloss ergriffen und damit eine Idee von Goerd Peschken und dem Architekten Frank Augustin verwirklicht. Zum Zeitpunkt der Simulation und einer mit ihr verbundenen Ausstellung war der sozialistische Palast der Republik wegen Asbestverseuchung bereits seit drei Jahren geschlossen. Doch noch war der 32 Meter hohe Flachbau vorhanden, wenn auch durch die temporären »Schlossfassaden« weitgehend unsichtbar gemacht, jedenfalls wenn man aus westlicher Richtung kam. Und diesen Weg, vom Brandenburger Tor kommend die »Linden« hoch, nahmen zu jener Zeit täglich viele Tausende – fast andächtig zu Fuß oder mit dem Fahrrad oder langsam fahrend mit dem Auto – zu keinem anderen Zweck, als das vermeintliche Schloss zu sehen. Vor allem in der Abenddämmerung erschien es den Menschen wie eine Fata Morgana in der verloren geglaubten Mitte.

Eine Diskussion über die zukünftige Nutzung und Bebauung der Spree-Insel hatte schon zwei, drei Jahre vor dem Simulationsprojekt eingesetzt, doch was bis dahin weitgehend unter Fachleuten diskutiert worden war, erhielt nun eine zusätzliche emotionale Komponente auf breiter Basis. Mit einem im Herbst 1993 gestarteten internationalen Ideenwettbewerb sollte für den erweiterten ehemaligen Schlossbereich eine städtebaulich überzeugende Lösung gefunden werden. Mehr als eintausend Teilnehmer legten in einer ersten Wettbewerbsphase ihre Entwürfe vor. In der Auslobung war der Abriss des Palastes der Republik und des wie ein Riegel nach Westen wirkenden DDR-Außenministeriums zur Bedingung gemacht worden. Ob auch das 1962–64 erbaute Staatsratsgebäude an der Südseite des Marx-Engels-Platzes abgebrochen werden sollte, blieb den Teilnehmern überlassen. Das Ergebnis des Wettbewerbs war insgesamt mehr als enttäuschend; keiner der eingereichten Entwürfe vermochte zu überzeugen. Auch der Sieger hatte das Staatsratsgebäude geopfert und am ursprünglichen Standort des Schlosses einen gewaltigen Baukörper vorgesehen, aus dem ein großer ovaler Hof herausgeschnitten war. Anstelle des Staatsratsgebäudes, in dessen Fassade man seinerzeit – wenn auch weitgehend als Kopie – das Portal IV des Schlosses eingefügt hatte, sollten Neubauten für das Auswärtige Amt entstehen.

Schon am 20. Juni 1991 hatte der Deutsche Bundestag beschlossen, dass Parlament und Regierung der Bundesrepublik ihren Sitz künftig wieder in Berlin nehmen sollten. Auf politischer Ebene löste das hektische Neugestaltungspläne aus, verbunden mit der Absicht, möglichst viele der für Regierungszwecke geeigneten Gebäude abzureißen. In Bezug auf einen Wiederaufbau des Schlosses wurde lebhaft das Für und Wider diskutiert, grundsätzlich und zunehmend leidenschaftlich, mit vielen Beispielen pro und contra. Die am meisten ins Feld geführten Begriffe hießen Original und Kopie, Authentizität und Falsifikat, aber auch – diskreditierend gemeint – »fake« und »Disneyland«. Ein Wettbewerb sollte dann die Frage beantworten, in welcher Form das Schloss wiedererstehen könnte. Ganz gewiss nicht ohne eine Rekonstruktion der historischen Fassaden, aber galt das auch für Stülers Kuppelaufbau? Sollten die Höfe offen sein oder – für museale und andere Nutzungen – zugebaut werden? Und was könnte an die Stelle des früheren, schon immer unharmonisch wirkenden »Querriegels« treten? Sollte der berühmte Schlüterhof wieder erlebbar werden, mit seinem einzigartigen Portalrisalit und dem Großen Treppenhaus? Und dann, wohl das Problematischste überhaupt: Wie könnte zukünftig die Spreeseite aussehen? Wäre auch hier ein historisierendes Gewand denkbar, oder sollte man für sie eine moderne Architektursprache finden? Und trotz des eigentlich längst beschlossenen Abrisses tauchten immer wieder auch Stimmen auf, ob der ja noch vorhandene und bei der Bevölkerung der ehemaligen DDR durchaus populäre Palast der Republik – und sei es nur symbolhaft – in einen neuen Bau integriert werden sollte.

Das oft beklagte Versagen zeitgenössischer Architektur bei städtebaulichen Herausforderungen ist für viele ein Argument für den Wiederaufbau verschwundener Bauwerke. Die Schlossbefürworter beharren darauf, dass eine Rekonstruktion weder Lüge noch Fälschung sei, und verweisen gern auf die Dresdner Frauenkirche. Zu denen, die sich als »Männer der ersten Stunde« vehement für einen Wiederaufbau einsetzten, gehörten der Kunsthistoriker Otto von Simson, der Publizist Joachim C. Fest sowie Wolf Jobst Siedler. Letzterer befand 1991, man werde gar nicht darum herumkommen, das Schloss wieder aufzubauen; das Original lasse sich nun einmal nicht zurückgewinnen, selbst wenn man tausend Spolien fände, um dem Bau so etwas wie Authentizität zu verleihen. Den Hauptgrund für eine Wiederherstellung des Schlosses sah Siedler – »jenseits dessen, was es für sich selbst bedeutete« – in seiner Unabdingbarkeit: als Bezugspunkt für die Menschen und als Maßstab für die historische Mitte der Stadt.

In Berlin ist man sich der Tatsache bewusst, dass es sich bei dem wiedererstehenden Schloss in seinem Erscheinungsbild um eine Kopie handeln wird, unter Verzicht auf eine Rekonstruktion der Innenräume, für welche immerhin zahlreiche originale Ausstattungsstücke vorhanden wären. Als »Humboldt-Forum« soll der Bau zukünftig einer ganzen Reihe kultureller und wissenschaftlicher Zwecke dienen, ein Ort, der auf das geistige Erbe der Brüder Wilhelm und Alexander von Humboldt verweist und mit seiner beabsichtigten musealen Nutzung an die Zeit nach dem Ende der Monarchie anknüpft. Den international ausgeschriebenen Wettbewerb für den Bau des Humboldt-Forums »in der äußeren Gestalt des Berliner Schlosses«, zu dem 85 Büros ihre Entwürfe eingereicht hatten, gewann im November 2008 der italienische Architekt Franco Stella. Mit der Realisierung seines Entwurfs ist – auch hinsichtlich der problematischen Spreeseite – nicht endgültig alles »verbaut«; Möglichkeiten für die Zukunft bleiben gewahrt. Die oft beschworene »normative Kraft des Faktischen« wird, wie viele Beispiele zeigen, auch im Falle dieses ehrgeizigen und lange umstrittenen Projekts früher oder später wirksam werden – und eine Stadtmitte ohne Schloss wird man sich dann gar nicht mehr vorstellen können.

Das Berliner Schloss. Luftaufnahme von Süden, um 1925

Schlossbrücke und Schloss. Blick von Nordwesten, 1907

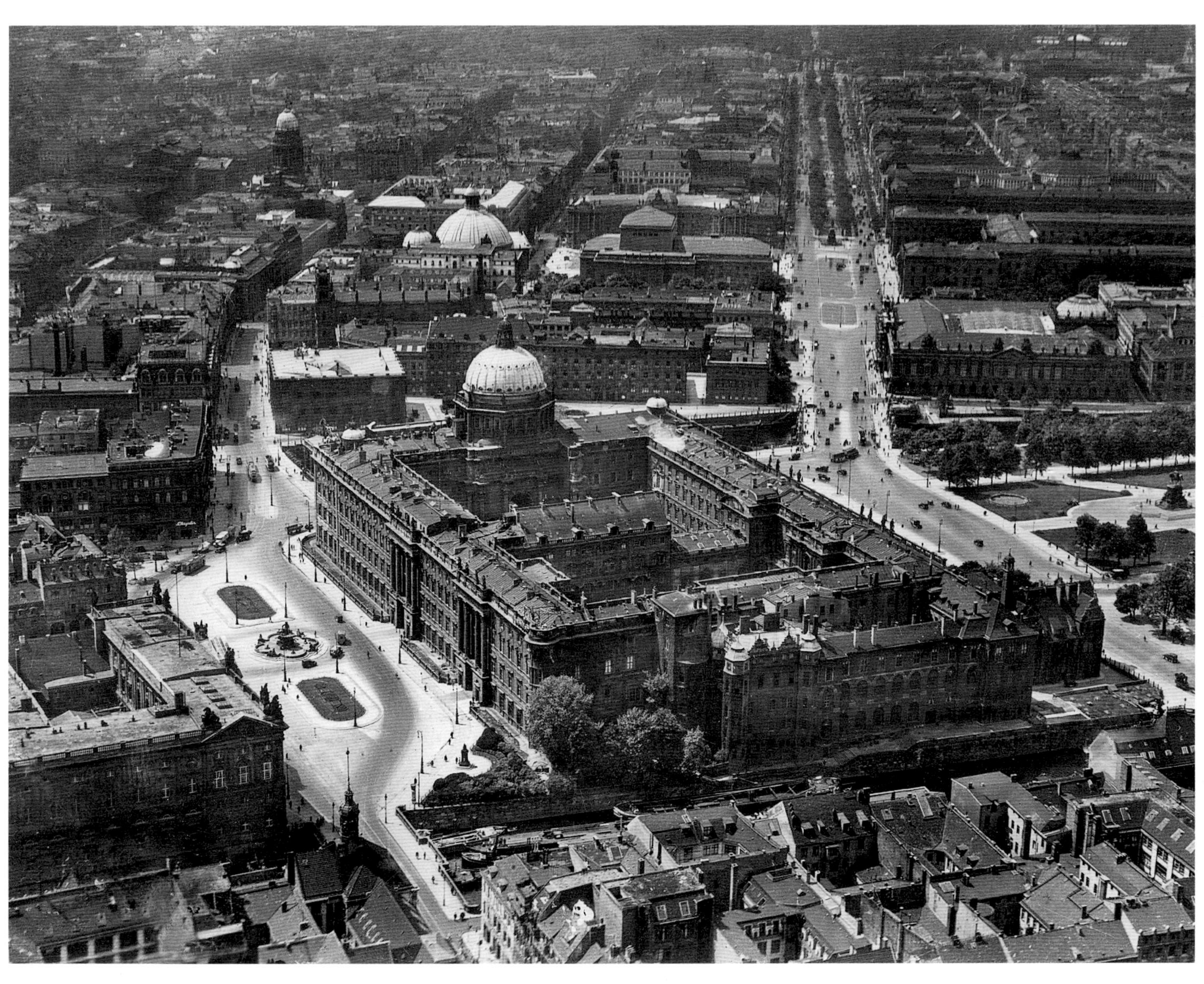

Das Berliner Schloss. Luftaufnahme nach Westen, um 1925

Die Südwestecke des Schlosses. Blick aus der Brüderstraße, 1913

Nationaldenkmal für Wilhelm I. Blick nach Südwesten, 1910

Das Triumphportal Eosanders. Ansicht von Südwesten, 1910

Der Westflügel mit Portal und Kuppel. Blick von Süden, 1910

Die Schlosskapelle (Raum 769). Blick in Richtung Altar, 1916

Die Schlosskapelle (Raum 769). Kuppel über dem Westportal, 1913

Der Weiße Saal (Raum 770). Blick nach Norden, 1916

Die Weiße-Saal-Treppe (Raum 768). Ansicht des Treppenhauses, 1916

Ansicht der Schlossplatzfront. Portal I (rechts) und Portal II (links) sowie östliches Eckrondell, 1913

Schlossplatzflügel. Eingangshalle von Portal I, 1913

Schlossplatzflügel. Risalit von Portal I, 1913

Sternsaal (Raum 666). Blick nach Westen, um 1928

Schlossplatzflügel. Portal II und Neptunbrunnen, um 1910

Elisabeth-Saal (Raum 844). Blick auf die westliche Schmalwand, 1916

Elisabeth-Saal (Raum 844). Blick auf die nördliche Längswand, 1916

Pfeilersaal (Raum 679). Östliche Kaminwand, 1926

Pfeilersaal (Raum 679). Blick nach Osten, 1926

Marmorsaal (Raum 684). Blick nach Westen, 1926

Rote Marmorkammer (Raum 682). Blick nach Westen, 1926

Kaiserliche Wohnung (Raum 668). Empfangszimmer, 1916

Kaiserliche Wohnung (Raum 696). Decke des Speisesaals, nach 1926

Arbeitszimmer Wilhelms II. (Raum 669). Blick nach Osten, 1926

Marmortreppe. Blick in das Treppenhaus von Westen, 1916

Teesalon Königin Elisabeths (Raum 659). Blick nach Nordosten, um 1928

Wohnzimmer Königin Elisabeths (Raum 658). Blick nach Süden, um 1928

Schreibzimmer Friedrichs II. (Raum 648). Blick nach Süden, 1916

Eckzimmer der Elisabeth-Kammern (Raum 839). Blick nach Osten, 1916

Reiterdenkmal des Großen Kurfürsten. Blick von Osten, um 1930

Spreefront und Berliner Dom. Blick nach Norden, um 1930

Kurfürstenbrücke und Schloss. Blick von Osten, um 1910

Ehem. Erasmuskapelle (Raum 649). Blick in den Chor, 1926

Ehem. Erasmuskapelle (Raum 645). Teil des Querschiffs, 1926

Ehem. Kapelle der Kurfürstin (Raum 828). Blick nach Süden, 1926

Apothekenbau und Lustgartenflügel. Blick von Nordosten, 1930

Kaiser-Wilhelm-Brücke und Schloss. Blick von Nordosten, 1905

Großer Schlosshof. Portal III und Kuppelbau, 1913

Großer Schlosshof. Bekrönung von Portal IV, 1913

Großer Schlosshof. Blick von Westen, 1913

Großer Schlosshof. Blick nach Norden, 1913

Kleiner Schlosshof. Risalit von Portal V, 1913

Kleiner Schlosshof. Blick nach Norden, 1913

Kleiner Schlosshof. Blick auf den Spreeflügel, um 1930

Kleiner Schlosshof. Quergebäude und Alabastersaal, 1881

Kleiner Schlosshof. Risalit des Großen Treppenhauses, 1913

Großes Treppenhaus. Erster Rampenlauf, 1916

Großes Treppenhaus. Blick zur Decke, 1916

Großes Treppenhaus. Skulptur an der Decke des Mittelraums, 1944

Großes Treppenhaus. Der Blitze schleudernde Zeus, 1941

Großes Treppenhaus. Erster Treppenlauf, um 1925

Rotes Zimmer (Raum 835). Blick nach Norden, 1916

Schweizersaal (Raum 814). Blick in südöstliche Richtung, 1941

Erste Paradevorkammer (Raum 799). Blick auf die nördliche Wand, 1916

Zweite Paradevorkammer (Raum 798). Blick zur Decke, 1916

Kugelkammer (Raum 806). Blick nach Norden, 1916

Braunschweigische Galerie (Raum 810). Blick nach Süden, 1916

Drap-d'or-Kammer (Raum 796). Allegorie des Friedens, 1916

Drap-d'or-Kammer (Raum 796). Blick zur Westwand, 1916

Drap-d'or-Kammer (Raum 796). Blick zur nördlichen Fensterseite, 1916

Drap-d’or-Kammer (Raum 796). Kartusche über dem Kamin, um 1925

Rote-Adler-Kammer (Raum 795). Blick nach Westen, 1916

Rote-Adler-Kammer (Raum 795). Südlicher Teil der Decke, 1916

Portal V. Stuckdecke der Durchfahrt, 1913

Portal V. Risalit am Lustgartenflügel, 1910

Rittersaal (Raum 792). Blick nach Osten, 1916

Rittersaal (Raum 792). Das Silberbuffet vor der Ostwand, 1916

Rittersaal (Raum 792). Westlicher Teil der Decke, 1916

Rittersaal (Raum 792). Westwand mit Thronbaldachin, 1916

Rittersaal (Raum 792). Skulpturengruppe Amerika, 1916

Rittersaal (Raum 792). Skulpturengruppe Asien, 1916

Rittersaal (Raum 792). Südwand mit Treppenhaustür, 1916

Rittersaal (Raum 792). Voute über der Fensterwand, 1916

Schwarze-Adler-Kammer (Raum 791). Blick auf die Westwand, 1916

Schwarze-Adler-Kammer (Raum 791). Ansicht der Decke, 1944

Kapitelsaal (Raum 787). Blick auf die Südwand, 1920

Kapitelsaal (Raum 787). Blick auf die Westwand, 1920

Bildergalerie (Raum 774). Blick nach Westen, 1916

Bildergalerie (Raum 774). Die westliche Stirnseite, 1916

Grüner Salon (Raum 784). Blick nach Osten, 1916

Grüner Salon (Raum 784). Westlicher Teil der Decke, 1916

Königinnen-Zimmer (Raum 783). Blick nach Westen, 1916

Königinnen-Zimmer (Raum 783). Ansicht der Nordwand, 1916

Ansicht der Lustgartenfront. Portal IV (Mitte) und Portal V (links), 1894

Lustgarten

Portal IV. Risalit am Lustgartenflügel, 1910

Portal IV. Die Bronzegruppen der Rossebändiger, um 1930

Großer Säulensaal (Raum 556). Östliche Schmalwand, 1916

Großer Säulensaal (Raum 556). Blick nach Westen, 1916

Parolesaal (Raum 557). Blick nach Westen, um 1923

Parolesaal (Raum 557). Relief von Schadow, 1916

Thronzimmer (Raum 564). Teil der Fensterlaibung, 1920

Thronzimmer (Raum 564). Blick zur Thronwand, 1920

Speisesaal (Raum 555). Blick nach Osten, 1916

Speisesaal (Raum 555). Blick nach Westen, 1916

Konzertzimmer (Raum 559). Blick nach Westen, 1916

Konzertzimmer (Raum 559). Blick zur Decke, 1916

DAS MESSBILDARCHIV

Die Geschichte des Messbildarchivs ist eng mit der Person Albrecht Meydenbauer (1834–1921) verbunden. Er war der Erfinder des Messbildverfahrens, und auf ihn geht die Gründung der Preußischen Messbildanstalt zurück. Nachdem er 1858 bei Aufmaßarbeiten am Dom zu Wetzlar beinahe tödlich verunglückt wäre, stellte sich der damalige junge Regierungsbauführer die Frage: »Kann das Messen von Hand nicht durch Umkehren des perspektivischen Sehens, das durch das photographische Bild festgehalten wird, ersetzt werden?« Dieser Gedanke, so schrieb Meydenbauer später, war »der Vater des Messbild-Verfahrens«.

In den folgenden Jahrzehnten entwickelte Meydenbauer die Grundlagen der Photogrammetrie, eines Verfahrens zur Bestimmung von Größe, Lage und Form von Objekten aus photographischen Bildern. Die lichtbildnerischen Aufnahmen erfolgten mit sogenannten Messkammern, speziell konstruierten Photoapparaten mit Winkelmessfunktion. Die zeichnerische und rechnerische Auswertung der Aufnahmen mit ihrer besonderen Tiefenschärfe konnte zu einem beliebigen späteren Zeitpunkt vorgenommen werden, selbst dann noch, wenn das photographierte Objekt gar nicht mehr existierte. Insofern dienen die Messbilder noch heute als unentbehrliche Hilfe bei der genauen Rekonstruktion von Fassaden und Innenräumen, aber auch bei Instandsetzungen und Restaurierungen.

Am 1. April 1885 wurde Meydenbauer als Regierungsbaurat in das Kultusministerium berufen und mit dem Aufbau der neu gegründeten »Königlich Preußischen Messbildanstalt« betraut. Zum Sitz der neuen Behörde bestimmte man die von Schinkel errichtete, nahe dem Schloss gelegene Bauakademie. Meydenbauer sah die Hauptaufgabe der Anstalt darin, den gesamten Bestand an Bau- und Kunstdenkmälern zu dokumentieren, sowohl in Berlin und den preußischen Provinzen als auch in anderen deutschen Ländern und sogar im Ausland. Die in diesem Rahmen zwischen 1894 und 1920 realisierte Messbildserie zum Berliner Schloss zählte insgesamt ca. 330 Aufnahmen. 1894 wurden zwei Aufnahmen gemacht, 1910 waren es elf, und aus dem Jahr 1912 stammt eine Aufnahme. Die Photographen beschränkten sich bis dahin auf die Außenfassaden, in Totalen oder in Ausschnitten. Von den 58 Aufnahmen, die 1913 entstanden, zeigen etwa zwanzig erstmals auch Innenräume. Die mehr als 250 Photographien der Jahre 1916 und 1920 beziehen sich dann ausschließlich auf das Schlossinnere: Treppenhäuser und Festsäle sowie Wohnräume mit Mobiliar, Wandschmuck und Deckengemälden. Aufgenommen wurden die Photographien auf Glasplatten der Größe 40 × 40 oder 30 × 30 cm.

Nach dem Ersten Weltkrieg ließ sich die Messbildanstalt aus finanziellen Gründen nicht mehr in der bisherigen Weise fortführen. Zum 1. Juli 1921 erfolgte ihre Umwandlung in die »Staatliche Bildstelle Berlin«. Zwei Monate später wurde im Schloss das Kunstgewerbemuseum eröffnet, und ab 1926 konnten die »Historischen Wohnräume« besichtigt werden. In dieser Zeit entstanden von den einstigen Räumen der Hohenzollern ca. 80 Aufnahmen. Während des Zweiten Weltkriegs nahmen die Luftangriffe auf Berlin von 1943 an stark zu. Deshalb wurden 1944 von Photographen der Staatlichen Bildstelle weitere 384 Aufnahmen von Teilen der »ortsfesten Ausstattung« hergestellt, alle auf 24 × 30 cm großen Glasplatten.

Die Staatliche Bildstelle musste dann kriegsbedingt ihre Arbeit einstellen; der wertvolle Archivbestand – er war bis dahin auf insgesamt mehr als 80 000 Glas-Negative angewachsen – wurde in einem Kalischacht bei Bernburg eingelagert. Dort beschlagnahmte ihn 1945 die sowjetische

Armee und verbrachte ihn nach Moskau. 1958 kam der größte Teil zurück nach Berlin, wo er der Regierung der DDR übergeben wurde. Nachdem man das Bildarchiv an der Humboldt-Universität wieder aufgebaut hatte, wurde es 1968 als »Messbildarchiv« dem Institut für Denkmalpflege der DDR eingegliedert. Nach der deutschen Vereinigung gelangte es in das 1991 gebildete Brandenburgische Landesamt für Denkmalpflege, das seinen Sitz seit 1998 in dem südlich von Berlin gelegenen Ort Wünsdorf hat. Hier lagern auch die ca. 5000 Photographien auf Kleinbild- oder Rollfilm, die 1950 von Eva Kemlein und anderen gemacht wurden. Diese Aufnahmen entstanden im Rahmen der Arbeit eines »Wissenschaftlichen Aktivs«, welches das Schloss in der Zeit der Sprengungen ausführlich dokumentierte.

Die in diesem Buch enthaltenen Abbildungen stammen zum allergrößten Teil aus den Beständen des Messbildarchivs im Brandenburgischen Landesamt für Denkmalpflege und Archäologischen Landesmuseum. In wenigen Ausnahmen wurde ergänzend auf andere Quellen zurückgegriffen. Es sind dies das Landesarchiv Berlin, die Stiftung Stadtmuseum Berlin sowie die Bildagentur für Kunst, Kultur und Geschichte (bpk).

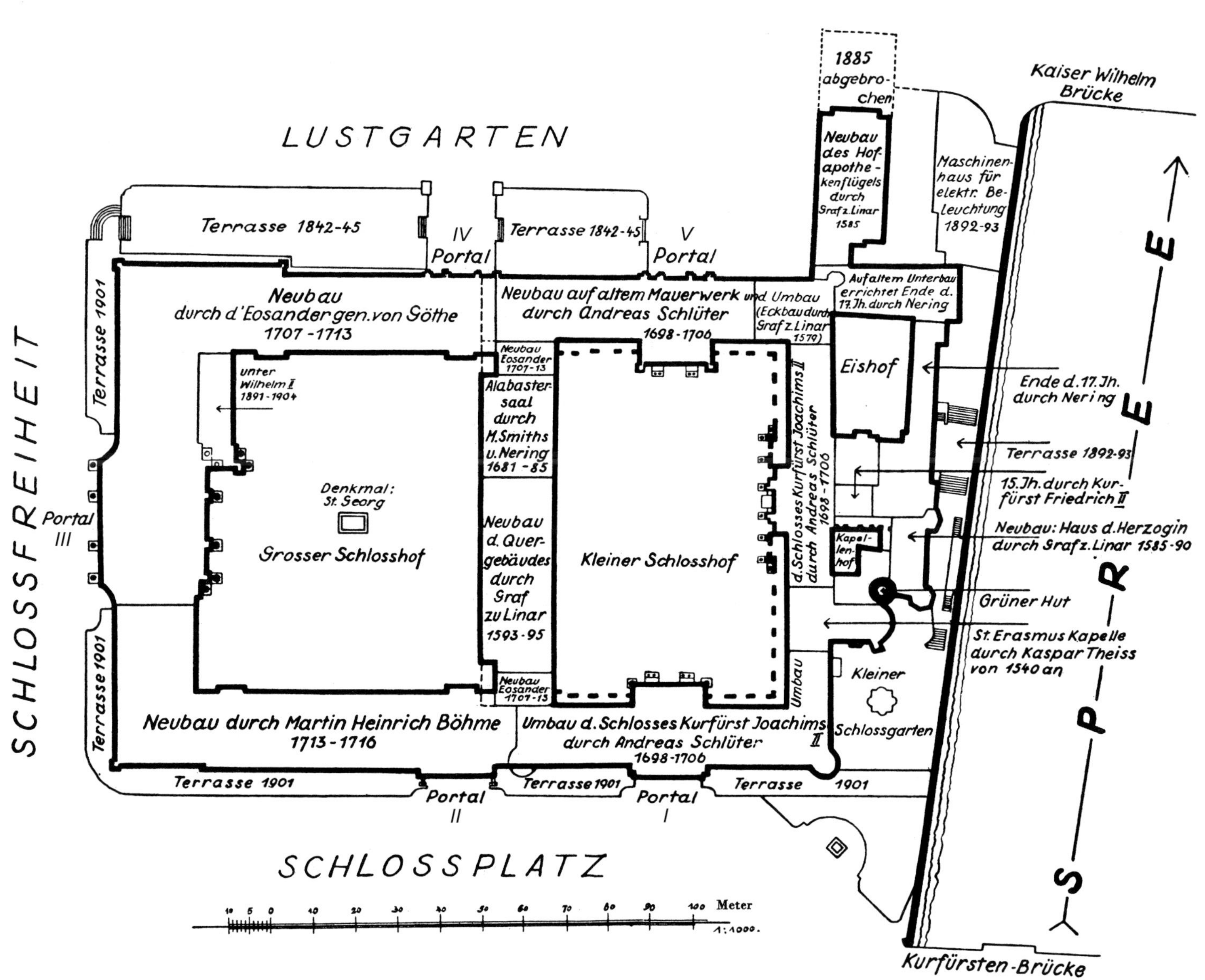

Berliner Schloss, Grundriss in Umrissen mit Angabe der Baumeister und der Zeit ihrer Tätigkeit, nach A. Geyer

BILDKOMMENTARE

21 **Das Berliner Schloss. Luftaufnahme von Süden, um 1925**
Das Bild vermittelt einen guten Eindruck von der Größe und räumlichen Ausdehnung des Schlosskomplexes. Bei einer Länge von 192 Metern von der Westfassade bis zum Spreeufer und einer Breite von 116 Metern umfasste das Schloss eine Fläche von mehr als 22 000 Quadratmetern. Der Westflügel (genau genommen zeigt er nach Südwesten) ist durch ein großes Portal mit einem Kuppelaufbau hervorgehoben, während die Fassade des langen Südflügels (genauer: Südostflügel) durch zwei Portalrisalite akzentuiert ist. Die Nummerierung der Portale geht auf Friedrich Wilhelm I. zurück: Auf sein Geheiß begann die Zählung mit dem östlichen Portal der Südseite und lief dann im Uhrzeigersinn um das Schloss herum bis zum hinteren, am Lustgarten liegenden Portal V. Das nach Westen gerichtete Triumphportal Eosanders war also Portal III. Die Nummerierung entsprach dem praktischen Sinn des militärisch denkenden »Soldatenkönigs«, gibt also keinen Hinweis auf die historische Abfolge des Baugeschehens. Dass der Schlosskomplex insgesamt nicht so einheitlich ist, wie es zunächst den Anschein hat, zeigt sich bei einem Blick in die ungleich großen Höfe, die durch einen völlig heterogenen Querriegel voneinander getrennt sind. Auch kann man zum Beispiel erkennen, dass der vordere (westliche) Abschnitt des am Schlossplatz liegenden Südflügels, einschließlich Portal II, breiter ist als der hintere (östliche) Bauteil. Auf der Photographie sieht man oben links einen Teil des Lustgartens und den Berliner Dom mit seinen verschieden hohen Ecktürmen.

22 **Schlossbrücke und Schloss. Blick von Nordwesten, 1907**
Von einem erhöhten Standort diesseits des Spreekanals blickt man hinüber zu dem gewaltigen Schlosskomplex. Während der Lustgartenflügel im Schatten liegt, wird der von dem hohen Kuppelbau dominierte Westflügel von der Sonne beschienen. Dem großen Portal direkt gegenüber befindet sich das Nationaldenkmal für Wilhelm I. Umgeben ist das Denkmal von einer Säulenarchitektur, deren Unterbau in den Spreekanal hineingeschoben ist. Für die Errichtung der Anlage mussten die Häuser der Schlossfreiheit weichen, wodurch vor dem Westflügel eine platzartige Straßensituation entstand. Bei dem schlanken Turm hinter dem neuzeitlichen Häuserblock handelt es sich um den Glockenturm der Petrikirche. Im Vordergrund fällt der Blick auf die nach Plänen von Karl Friedrich Schinkel 1821–24 erbaute Schlossbrücke. Auf ihrer Mitte ist ein aus Holz konstruierter Teil erkennbar; er diente als Klappendurchlass für den Schiffsverkehr; der mittlere steinerne Bogen wurde erst 1912 eingefügt. Schinkel entwarf auch die gusseisernen Geländer, die acht hohen Sockel und die dafür vorgesehenen Skulpturengruppen. Ausgeführt wurden diese erst nach 1847 von acht verschiedenen Bildhauern in Carrara-Marmor. Dargestellt sind Leben, Kampf und Tod eines griechischen Helden, geleitet und ermutigt durch die Göttinnen Nike und Pallas Athene. Die Skulpturen säumen die für damalige Verhältnisse enorm breite Brücke, über welche hinweg der von Westen kommende Straßenzug Unter den Linden schräg auf das Schloss zuläuft, und zwar ziemlich genau auf das – von der Aufnahme nicht mehr erfasste – Portal V des Lustgartenflügels. (Vgl. Abb. S. 23.)

23 **Das Berliner Schloss. Luftaufnahme nach Westen, um 1925**
Über das Schloss hinweg geht der Blick zur Straße Unter den Linden, die ihren Anfang erst bei den Baumreihen der Mittelpromenade nimmt. Umgrenzt wird die gewaltige Baumasse des Schlosses von der Spree (im Vordergrund), dem Schlossplatz mit dem Neptunbrunnen (links im Bild) und der Schlossfreiheit mit dem parallel verlaufenden Spreekanal (hinter dem Westflügel mit der Kuppel). Auf der rechten Seite reicht der hier abknickende Straßenzug mit dem Lustgarten bis an das Schloss heran. An der Spreefront sind von den älteren Teilen des Schlosses zu erkennen (von links nach rechts): der Kapellenturm, das Haus der Herzogin, der Galeriebau sowie der zur Wasserseite hin nur drei Fensterachsen breite ehemalige Wohnflügel des Großen Kurfürsten. Von der Spree etwas zurück-

gesetzt, kann man rechts, bis an die Straße heranreichend, den ursprünglich längeren Apothekenflügel ausmachen. Hinter der über den Spreekanal führenden Schlossbrücke bemerkt man rechts das Zeughaus mit Kuppel und überdachtem Innenhof. Der Straßenraum davor heißt »Platz am Zeughaus«, während die sich anschließende Straßenverbreiterung den Namen »Platz am Opernhaus« trägt. Die Staatsoper liegt auf der linken Seite des Platzes, zu erkennen an dem hohen Bühnenturm. Die Einbeziehung der beiden »Plätze« in die Straße Unter den Linden erfolgte erst 1937. Seitdem fängt die Nummerierung der Häuser nicht mehr am Pariser Platz an, sondern beginnt direkt an der Schlossbrücke mit dem Gebäude der ehemaligen Kommandantur als Nr. 1 und mit dem Zeughaus gegenüber als Nr. 2. Links neben der Oper ragt die Kuppel der katholischen Hedwigskirche aus den Dächern heraus, und neben dem Kuppelbau des Schlosses sieht man das würfelförmige Gebäude der Bauakademie. Wie die Abbildung auf S. 21 gibt auch diese Photographie einen guten Einblick in die beiden Schlosshöfe und den sie trennenden Querriegel. An der Dachkonstruktion lassen sich gut die Ansätze der jüngeren, zwischen 1707 und 1716 errichteten westlichen Flügelabschnitte erkennen.

24 **Die Südwestecke des Schlosses. Blick aus der Brüderstraße, 1913**

Der Standort des Photographen befindet sich nahe der Einmündung der Brüderstraße in den Schlossplatz. Ihren Namen hat die Straße nach den Dominikaner-Minderbrüdern, die sich hier um 1300 niedergelassen hatten. Rechts sieht man zwei Bürgerhäuser aus dem Ende des 18. Jahrhunderts, links ein viergeschossiges Gebäude aus dem Ende des 19. Jahrhunderts. In der Verlängerung der Straße fällt der Blick auf den westlichsten Teil der Schlossplatzfassade sowie – in starker perspektivischer Verkürzung – auf den im Schatten liegenden Westflügel mit der hohen Kuppel. Bemerkenswert ist, dass der die ersten vier Fensterachsen umfassende Bauteil des Schlossplatzflügels hinter die Flucht zurücktritt, und zwar um 0,5 Meter; gut zu erkennen ist das an der dunkel erscheinenden Längskante. In Höhe der zweiten Fensterachse von links, hinter der Brüstung, ist ein Kuppeltürmchen zu sehen. Es handelt sich um einen von Friedrich Wilhelm I. veranlassten Dachaufbau, um darin das Geläut der Schlosskapelle unterzubringen. Ein entsprechendes Türmchen auf der Lustgartenseite wurde erst 1894 unter Wilhelm II. aufgesetzt. Mit einem Zifferblatt ist es als Uhrtürmchen gekennzeichnet. (Vgl. Abb. S. 22.)

25 **Nationaldenkmal für Wilhelm I. Blick nach Südwesten, 1910**

Das Denkmal für den König von Preußen und Deutschen Kaiser besteht aus dem neun Meter hohen bronzenen Reiterstandbild und einem elf Meter hohen Sockel, dessen Ecken mit Viktorien geschmückt sind. Geschaffen wurde die Reiterplastik von dem renommierten Bildhauer Reinhold Begas. Das Pferd, von einem Genius geleitet, geht im Schritt vorwärts; der Kaiser, die rechte Hand auf den Kommandostab gestützt, blickt nicht auf das direkt gegenüberliegende Eosander-Portal, sondern schräg hinüber zum Lustgarten. Auf den diagonal vorspringenden Postamenten im Vordergrund sieht man bronzene Löwen mit den ihnen beigegebenen Trophäen. Schöpfer der Löwen war der für seine Tierplastiken bekannte Bildhauer August Gaul. Umgeben ist das Denkmal von einer etwa 80 Meter langen, von dem Architekten Gustav Halmhuber entworfenen Säulenhalle, deren Seitenflügeln – vom Bildausschnitt nicht mehr erfasst – jeweils eine Quadriga aufgesetzt ist. Das Denkmal für Wilhelm I. – »den Großen«, wie der Auftraggeber der kolossalen Anlage, Wilhelm II., seinen Großvater großsprecherisch titulierte – wurde schon von vielen Zeitgenossen nicht günstig beurteilt. Der Berliner Volksmund nannte es respektlos »Wilhelm in der Löwengrube«, und der Schriftsteller Max Osborn meinte, die Komposition des Ganzen sei »ein schwülstiger und lauter, dröhnender Aufzug«. Begonnen wurde mit den Arbeiten für das »Nationaldenkmal« im August 1895; die Einweihung fand am 22. März 1897 statt, dem 100. Geburtstag Wilhelms I.

26 **Das Triumphportal Eosanders. Ansicht von Südwesten, 1910**

27 **Der Westflügel mit Portal und Kuppel. Blick von Süden, 1910**

Maßgeblich bestimmt wird die Westfassade von dem um 1711 erbauten Triumphportal Eosanders, das damals – im Namen Bezug nehmend auf die nahegelegenen Werderschen Mühlen – noch »Mühlenportal« genannt wurde, und dem nach 1844 erfolgten Kuppelaufbau Stülers. Rechts sieht man in starker perspektivischer Verkürzung die zum Schlossplatz hin gerichtete Fassade. Schienen und Oberleitungsdrähte gehören zur Großen Berliner Straßenbahn, die auf der am Schloss vorbeiführenden Strecke mehrere Linien betrieb. Mit dem Auge kaum zu erkennen sind die ungleichen Fensterabstände der Westfassade: Sie sind beim linken Flügelabschnitt größer als beim rechten; letzterer ist dadurch um drei Meter kürzer. Hinzu kommt, dass die Fassade insgesamt relativ einfach gehalten ist. Um so mehr tritt der Portalbau hervor, von dem der Bauhistoriker Richard Borrmann schon vor mehr als hundert Jahren meinte, dass er jede Verbindung mit den Rücklagen vernachlässige und den Zusammenhang beider Hälften der Westfassade rücksichtslos unterbreche. Als architektonisches Vorbild des Portals gilt der um 200 v. Chr. errichtete Septimius-Severus-Bogen in Rom, den Eosander in Berlin als »gesteigerte Nachbildung« ausführte. Nach Art römisch-antiker Triumphbögen gibt es drei Durchgänge, eingefasst von auf hohen Postamenten stehenden Säulen. Eosander von Göthe hat – wie im Barock vielfach üblich – Kompositkapitelle bevorzugt, eine Verbindung von korinthischem Blattwerk und ionischen Voluten. In der vertikalen Verlängerung der Säulen sieht man vier Standfiguren: Allegorien der Stärke, der Mäßigung, der Gerechtigkeit und der Weisheit. Auffallend ist die der Attika vorgesetzte übergroße Wappenkartusche mit der Königskrone, überfangen von einem gesprengten Volutengiebel. Bei Gelegenheit des Baus der Schlosskapelle ließ Friedrich Wilhelm IV. diesen verschnörkelten Architekturteil durch Stüler entfernen und die Attika gerade durchziehen. Unter Wilhelm II. wurde dann der Volutengiebel in alter Form wiederhergestellt. Aus dieser Zeit, 1896/97, stammen auch die beiden Relieftafeln der Attika und die über den Seitentoren. In den Zwickeln des Hauptbogens lassen sich eine Trompete (genauer: Fanfare) blasende Fama und ein Genius ausmachen. Sie halten ein Schriftband, auf dem Friedrich I. dafür gerühmt wird, dass er mitten im Krieg – gemeint ist der Spanische Erbfolgekrieg – ein solches Werk unternommen habe.

28 Die Schlosskapelle (Raum 769). Blick in Richtung Altar, 1916
29 Die Schlosskapelle (Raum 769). Kuppel über dem Westportal, 1913

Mit der Kapelle und ihrer Kuppel erhielt das Schloss im 19. Jahrhundert eine Höhendominante und der Herrscher, Friedrich Wilhelm IV., einen »königlichen« Sakralraum: Ausdruck des Gottesgnadentums und sinnfälliges Zeichen für die Verbindung von Thron und Altar. Friedrich August Stüler hatte seine Pläne dem König spätestens im Sommer 1844 vorgelegt, doch die Bauarbeiten begannen erst im April 1845. Die Ausführung lag in Händen des Architekten Stüler und des Schlossbaumeisters Albert Dietrich Schadow. Der König hatte sich schon als Kronprinz mit der Idee einer neuen Schlosskapelle beschäftigt, und so nahm er nicht nur lebhaften Anteil am Entstehen des Bauwerks, sondern hatte auch genaue Vorstellungen von der künstlerischen Ausgestaltung der Kapelle. Architektonisch gliedert sich der Bau in drei Teile: Zunächst ist da der untere, in den Eosanderbau hineinreichende achteckige Kapellenraum, der mit seinen Pfeilern die beiden oberen Teile trägt, nämlich die Fensterwand des über dem Portal freistehenden, ebenfalls achteckigen Aufbaus mit 24 Fenstern sowie den Tambour der Kuppel und diese selbst. Die als Zentralbau bezeichnete Kapelle lässt im Innern eine kreisrunde Grundfläche vermuten, doch tatsächlich ist es eine Ellipse, deren Hauptachse in der Längsrichtung des Eosanderbaus liegt. Sie misst 22,4 Meter, während die Nebenachse 20,8 Meter beträgt. Der Außenbau zeigt, den Tambour fast ganz verdeckend, eine Balustrade, die an den Ecken breite, die Pfeiler fortführende Postamente aufweist. Die hier zu sehenden, etwa 3,3 Meter großen Standfiguren stellen Propheten des Alten Testaments dar. Bekrönt wird das Bauwerk von einer 12,5 Meter hohen Laterne, deren an eine Krone erinnernde Kuppel – soweit sich das erkennen lässt – karyatidenartig von Engelsgestalten getragen wird. Die als Schutzkuppel dienende, leicht gestelzte Hauptkuppel umfängt eine etwas kleinere halbkreisförmige Kuppel, zwischen denen ein Wendelgang bis zur Laterne führt. Bemerkenswert ist, dass es sich bei den Kuppeln um Eisenkonstruktionen handelt, hergestellt von der Firma Borsig. Das Tragwerk der Außenkuppel wurde aus Schmiedeeisen gefertigt, während die aus Ziegeln gewölbte Schale der Innenkuppel ein Skelett aus Gusseisen erhielt. Im Bild unten, vor der durchfensterten Kapellenwand, sieht man eine der vier kupfergedeckten Halbkugeln, die sich über den Ecknischen der Kapelle befinden. Dementsprechend gibt es im Innern vier runde und – mit diesen im Wechsel – vier flache Bogennischen. Gemalte Darstellungen zeigen die Evangelisten sowie Szenen aus dem Leben Jesu. Das Gemälde links, über der Eingangstür, stellt die Geburt Christi dar, gemalt von Eduard Daege; die flache Bogennische über dem Altar zeigt das Abendmahl, ausgeführt von Carl Gottfried Pfannschmidt. Über den Altar selber heißt es in dem zeitgenössischen Berlin-Führer von Friedrich Morin: »Stufen von carrarischem Marmor führen zum Altar, dessen Platte von orientalischem Alabaster auf sechs kleinen Säulen, von derselben Alabasterart, ruht. Die vergoldete Überdachung des Altars wird von zwei Säulen und zwei starken Wandpfeilern getragen. An jeder Seite der Altar-Estrade ist eine Kanzel angebracht, welche von carrarischem Marmor sind. Zehn pompejanische Säulen dienen als Candelaber.« In den Zwickeln, den dreieckigen Feldern zwischen den Bögen, sind Propheten und Erzväter wiedergegeben, und auf den breiten Doppelpfeilern sieht man jeweils zwölf Bildnisse von wichtigen

Personen der Kirchengeschichte. Während die Wandflächen durch farbige Marmorplatten in geometrischen Mustern gestaltet sind, ist der Fußboden mit seltenen und kostbaren Marmorsorten ausgelegt. Deutlich erkennen lässt sich das große, mosaikartig gestaltete Kreuz, das sich an den Achsen des elliptischen Raums orientiert. Die Fertigstellung der Kapelle wurde dem König im Mai 1853 gemeldet; die feierliche Einweihung fand am 18. Januar 1854 statt, dem Gedächtnistag der Krönung Friedrichs I. in Königsberg.

30 Der Weiße Saal (Raum 770). Blick nach Norden, 1916

31 Die Weiße-Saal-Treppe (Raum 768). Ansicht des Treppenhauses, 1916

Der Weiße Saal lag in der Nordwestecke des Schlosses im zweiten Obergeschoss, mit der langen Fensterfront zur Schlossfreiheit und mit der nördlichen Schmalseite zum Lustgarten hin. Dieser größte Raum des Schlosses ging auf Friedrich Wilhelm I. zurück, der 1728 in nur fünfmonatiger Bauzeit einen großen Festsaal errichten ließ; wegen eines bevorstehenden Besuchs Augusts des Starken, sächsischer Kurfürst und polnischer König, drängte die Zeit. Bis zum Gesims waren die Wände mit Stuckmarmor belegt, darüber einfach weiß verputzt; hinzu kamen sechzehn aus dem Alabastersaal geholte Statuen. Außerdem hatte der König hier einen Teil seines Silberschatzes aufgestellt. Der Gesamteindruck war der eines »weißen« Saals, zumal die Paradekammern vergoldete Decken und mit dunkelroten oder dunkelgrünen Stoffen bespannte Wände hatten. Eine grundlegende Umgestaltung erfuhr der Raum ab 1844 unter Friedrich Wilhelm IV., der damit Friedrich August Stüler beauftragte. Dieser nahm die notwendigen Maßnahmen vor und veranlasste, dass – in Verbindung mit dem Bau der Kapelle über dem Eosander-Portal – die Treppe zum Weißen Saal noch ein halbes Geschoss höher geführt wurde. Eine weitere, besonders durchgreifende Neugestaltungsmaßnahme erfolgte ab 1891 unter Wilhelm II. Durch seinen Hofarchitekten Ernst von Ihne ließ er den überkommenen Saal völlig verändern und ihm gleichzeitig zum Hof hin einen Galeriebau vorsetzen. Dadurch wurde der nördliche Teil des Westflügels acht Meter breiter als der südliche Teil. Die Innenaufnahme des Weißen Saals aus dem Jahre 1916 zeigt an der rechten (östlichen) Längswand die portalartigen Durchgänge zum Galerietrakt, der offiziell Weiße-Saal-Galerie hieß. Gegenüber, in der Mitte der Fensterseite, erkennt man einen Thronbaldachin – als Zeichen der Souveränität des Monarchen auch bei dessen physischer Abwesenheit. In den Nischen der Längswände stehen auf hohen Postamenten Marmorstatuen. Es handelt sich um neugeschaffene Standbilder des Großen Kurfürsten und der preußischen Könige, insgesamt neun an der Zahl. Unter den Bildhauern befanden sich so renommierte Namen wie Fritz Schaper, Walter Schott und Alexander Calandrelli. Über den Fensteröffnungen der Stirnwand sieht man die Balustraden von drei vorspringenden Balkonen, die Musiker aufnehmen konnten. Zu beiden Seiten der Mittelachse stehen Doppelsäulen, die sich über beide Geschosse erstrecken. Ins Auge fallen die hohen Postamente und die schweren Gebälkarchitekturen. Mit einer Länge von 32 Metern und einer Breite von 16 Metern hatte der Weiße Saal eine enorme Fläche, und durch einen neuen, für Saal und Galerie gemeinsamen Dachstuhl konnte die Decke um mehr als einen Meter angehoben werden, sodass der Saal auf eine Höhe von 14 Metern kam. Die großen quadratischen Kassetten zeigen verschiedene Wappen: die der Burggrafen von Nürnberg, der Kurfürsten von Brandenburg, der Könige von Preußen und der deutschen Kaiser. In der Voute, der Deckenkehle, sieht man gleichgroße, in ihrer Anordnung den Kassetten der Mittellinie entsprechende Reliefs, die von Otto Lessing im Stil von Kameen geschaffen wurden. Auffallend ist, dass es in dem großen Raum dank des neuartigen elektrischen Lichts keine der sonst üblichen Kronleuchter gibt. Auf Wunsch des Kaisers wurden auf dem Hauptgesims in langen Ketten Glühbirnen angebracht. Von dort strahlte das Licht gegen die Decke, von der es warm reflektierte und dem Raum die ihm nachgesagte Kühle nahm. Im Jahre 1903 waren Umbau und Neugestaltung des Weißen Saals vollendet. Das breite Treppenhaus hatte von Ihne dem Saal in neobarocken Formen angeglichen, da es zu diesem offen war und mit ihm zusammengesehen wurde. Die Photographien (Frontispiz und Abb. S. 31) zeigen den oberen Teil des durch ein Oberlicht hell beleuchteten Treppenhauses. Hier befindet sich der Eingang zur Kapelle, die ein halbes Stockwerk höher liegt als der Saal. Die Tür ist durch eine schwere Verdachung akzentuiert; in dem nach unten offenen Giebelfeld ist eine Kartusche angebracht, bekrönt von einer kleinen Muschel und flankiert von zwei Adlern. In der Barockzeit galt die eine Perle umschließende Muschel als Sinnbild göttlicher Gnade. Die künstlerische Gestaltung der Deckenkehle entspricht der des Weißen Saals. Unterhalb der Schmalseite des Oberlichts sieht man ein quadratisches Relief, auf dem die Gestalt einer Trompete blasenden Fama zu erkennen ist. Sie sitzt auf dem Geschützrohr eines zweirädrigen Kriegswagens und hält mit der Rechten einen Siegeskranz in die Höhe. Als 1920/21 das Kunstgewerbemuseum in das Hohenzollernschloss einzog und sich fortan Schlossmuseum nannte, blieb der Weiße Saal von störenden Ausstellungsstücken frei. Der Raum sollte ganz bewusst eine Vorstellung imperialer Architektur vermitteln und zu den Museumsräumen einen repräsentativen Zugang bilden.

32 **Ansicht der Schlossplatzfront. Portal I (rechts)**
33 **und Portal II (links) sowie östliches Eckrondell, 1913**
35 **Schlossplatzflügel. Risalit von Portal I, 1913**
37 **Schlossplatzflügel. Portal II und Neptunbrunnen, um 1910**

Die Länge des Schlossplatzflügels betrug 166 Meter, die Höhe bis zur Oberkante der Balustrade 31,3 Meter, was ziemlich genau 100 Fuß entsprach. Zur Zeit Schlüters wurde für die Entwürfe des Schlosses die Maßeinheit Rheinischer bzw. Rheinländischer Fuß verwendet (1 Fuß = 31,385 cm) – und so ergeben sich bei der Rückrechnung von Meter in Fuß fast immer »glatte« Zahlen. Was bei Betrachtung der Fassade als erstes auffällt, sind die eindrucksvollen, der Front asymmetrisch vorgesetzten Portalrisalite sowie die Gleichförmigkeit und scheinbare Regelmäßigkeit der endlosen Fensterreihen. An seinem rechten (östlichen) Ende schließt der Flügel mit einem Eckrondell ab, während das linke (westliche) Ende als kantige Ecke gebildet ist, nur durch eine Lisene zurückhaltend akzentuiert. Der die ersten vier Fensterachsen umfassende Bauteil zur Schlossfreiheit hin tritt hinter die Flucht zurück, und zwar um 0,5 Meter. Bei genauem Hinsehen kann man weitere Unregelmäßigkeiten entdecken. So sind die Abstände zwischen den Fenstern der ersten beiden Achsen links von Portal I geringer als es bei den Fenstern der rechten Seite der Fall ist. Rechts von Portal II gibt es drei Fenster mit geringerem Abstand voneinander. Die beiden letzten Fensterachsen vor Portal II markieren die Stelle von Schlüters westlichem Eckrondell, das dann Eosanders Schlosserweiterung weichen musste. Die Fenster selber unterscheiden sich in Bezug auf ihre Verdachung und den unterschiedlichen Dekor. Während die Fenster des I. Stockwerks mit geschweiften Giebeln verdacht sind, weisen die des II. Stockwerks zweifach gesprengte Giebel auf. Am einfachsten sind die Fenster im Erdgeschoss gestaltet, am aufwändigsten die im Mezzanin, wo allerdings von dem überreichen Dekor wegen des Schlagschattens nur wenig zu erkennen ist. Der von Martin Heinrich Böhme ausgeführte westliche Abschnitt des Schlossplatzflügels reicht bis einschließlich des 1716 vollendeten Portals II. Und auch hier sind im Vergleich mit Portal I Abweichungen festzustellen. Auf der Schlossplatzseite – wie auch auf der Lustgartenseite – fällt das Terrain von Ost nach West leicht ab. Dadurch ist das Portal II höher als Schlüters Portal I. Um nun dem neuen Portal die gleichen Proportionen zu geben, tat Böhme dasselbe wie Eosander bei Portal IV auf der Lustgartenseite: Er entschied, das Portal in der Mittelachse stärker zu spreizen. Das hatte zur Folge, dass die Fenster in den beiden Obergeschossen ein Stück breiter wurden und so eine annähernd quadratische Form zeigen. Ähnliches traf für die Eingänge zu: Wie man deutlich erkennen kann, ist der Eingang bei Portal II breiter als der bei Portal I; der Unterschied beträgt 0,94 Meter. Schlüter hatte dem hohen Portalrisalit rustizierte Sockelblöcke gegeben, zwischen denen der Eingang auf Grund des starken Schattens wie ein »dunkler Schlund« erscheint. Über den durch eine Platte verbundenen Rustikablöcken erheben sich gewaltige korinthische Säulen, auf denen das schwere Gebälk liegt. Die verputzten Säulenschäfte bestehen aus Formziegelsteinen, die Basen und Kapitelle aus Sandstein. Aus dem letzten Viertel des 19. Jahrhunderts stammen die Figuren auf der Balustrade; die ursprünglichen Statuen waren um 1817 wegen starker Verwitterung abgenommen worden. Karl Friedrich Schinkel wollte sie unbedingt erhalten wissen, schon deshalb, weil die Zeit »demüthig das Talent unseres großen Künstlers und Landsmannes Schlüter« anerkennen müsse. Hier, vor dem grandiosen Schlüter-Portal, hatte Friedrich das neue, umgebaute Schloss erblickt. Für den feierlichen Einzug über die Georgenstraße, die dann in Königstraße umbenannt wurde, hatte man sechs oder sieben Ehrentore errichtet, eines davon schon vor dem Georgentor, durch das der König in die Stadt einzog. Ehrenpforten und Triumphbögen gehörten wesentlich zum festlichen Einzug eines Herrschers. – Städtebauliche Bedeutung kam dem Portal II zu, da die aus südöstlicher Richtung kommende Breite Straße voll auf dieses zulief. In der Achse der Straße und inmitten des Schlossplatzes befand sich der große Neptunbrunnen, welcher als Hauptwerk von Reinhold Begas gilt. Neptun thront auf einem Felsblock oberhalb einer Muschelschale, umgeben von allerlei Meeresgetier sowie Putten und wasserspeienden Tritonen. Auf dem Rand des vierpassförmigen Beckens lagern weibliche Aktfiguren: Personifikationen der Flüsse Rhein, Elbe, Oder und Weichsel. Der Brunnen war ein Geschenk des Magistrats an Kaiser Wilhelm II. und wurde hier 1891 als »Schlossbrunnen« aufgestellt. Die Photographien entstanden vor 1914, und die

Schilderhäuschen weisen darauf hin, dass hier noch der Kaiser wohnt. Zum Zeitpunkt der Aufnahmen weilte dieser jedoch nicht im Berliner Schloss, sonst nämlich wäre an der hohen Stange über Portal II die kaiserliche Flagge aufgezogen.

34 **Schlossplatzflügel. Eingangshalle von Portal I, 1913**
Mit Beginn seiner Regierungszeit 1888 wählte Wilhelm II. für seine Wohnung im Berliner Schloss das I. Stockwerk des Schlossplatzflügels. Die Baukommission ließ die Räume für das Kaiserpaar mit allen Errungenschaften der Neuzeit herrichten und mahnte in einer Stellungnahme, dass auch »auf die würdige Ausstattung des in etwas verwahrlostem Zustande befindlichen Treppenhauses in Portal I Bedacht genommen« werde. Als erstes wurde deshalb das »Vestibül« einer Veränderung unterzogen. Dazu gehörten schmiedeeiserne Türen mit verglasten Gitteröffnungen am Eingang und – wie die Aufnahme zeigt – eine modern wirkende Glas-Eisen-Tür im Durchgang zum Kleinen Schlosshof. Eine neue Form erhielten auch die Treppenaufgänge: Hatten sie vorher gerade Läufe, so sind sie jetzt leicht geschwungen. In Höhe der Podeste befinden sich Pfeilersockel mit aufgesetzten Kugeln, welche man als Herrschaftssymbole deuten kann. Aus der Zeit Schlüters stammt noch die Wandgliederung mit Pilastern und Säulen sowie vier Rundbogennischen, von denen auf der Abbildung eine zu sehen ist. 1889/90 ließ der Kaiser in den Nischen jeweils eine übermannshohe Bronzestatue aufstellen, Soldatengestalten aus der Zeit des Großen Kurfürsten. Aufmerksamkeit verdient das Relief in dem runden Deckenfeld: Dargestellt ist eine Frauengestalt, die auf den ausgebreiteten Flügeln eines großen Adlers ruht, den linken Arm lässig ausgestreckt, mit der Hand vielleicht auf etwas hindeutend. In der Rechten hält sie als Siegeszeichen einen Stab mit dem preußischen Adler.

36 **Sternsaal (Raum 666). Blick nach Westen, um 1928**
Die Räume der im I. Stockwerk gelegenen kaiserlichen Wohnung begannen mit dem Sternsaal über Portal I und erstreckten sich bis zur Ecke der Schlossfreiheit. Zur Zeit Wilhelms II. wurde der 16 Meter lange und 11,5 Meter breite Raum »Fahnensaal« genannt. Sein bekanntes Aussehen verdankt der Saal Karl Friedrich Schinkel, der hier 1825/26 für Friedrich Wilhelm (IV.) und seine Gemahlin verschiedene Wohnräume neu herrichtete. Schinkel, der für die Ausgestaltung des »Sternsaals« Skizzen des Kronprinzen berücksichtigte, schuf einen Raum im Stil des Klassizismus. Seinen Namen verdankt der ganz in Weiß und Gold gehaltene Raum der Decke, welche mit Kreisen goldener Sterne geschmückt ist. Die Aufnahme zeigt, dass sich die Sterne bei abnehmender Größe nach innen verdichten. Von der durch Strahlen markierten Mitte hängt ein Kronleuchter herab, auf dessen Metallring ein Kranz von Adlern zu erkennen ist. Während der Deckenspiegel von einer breiten Borte eingefasst ist, sind die Wände von einem schmalen Fries umzogen, der über die Pilaster hinweg läuft und die Säulen in Höhe der ionischen Kapitelle zu berühren scheint. Die als Haupteingang anzusehende Treppenhaustür wirkt etwas maßstabslos, doch orientiert sie sich wohl an der gegenüberliegenden großen Fenstertür des Portalrisalits. In Gänze vergoldet sind die künstlerisch gestalteten Türblätter, ebenso der sich breit duckende Adler in der schmalen Supraporte. Die westliche Schmalwand weist zwei kleinere Türen auf, zwischen denen eine Kamineinfassung aus weißem Marmor zu sehen ist. Auf der östlichen Schmalseite wiederholt sich diese Wandgliederung; alle Türen sind vergoldet, während die Wände mit hellem Stuckmarmor verkleidet sind. Unter Wilhelm II. wurde der Saal mit Fahnen und Standarten, Vitrinen und Gemälden und rotem Seidenstoff umdekoriert, um ihm ein farbigeres Aussehen zu geben und ihn »wohnlicher« wirken zu lassen. 1925/26 hat man den Sternsaal von den wilhelminischen Zutaten befreit, sodass er wieder als klassizistisches Werk Schinkels erlebbar wurde.

38 **Elisabeth-Saal (Raum 844). Blick auf die westliche Schmalwand, 1916**

39 **Elisabeth-Saal (Raum 844). Blick auf die nördliche Längswand, 1916**
Der Elisabeth-Saal lag im II. Stockwerk über Portal I, ein Geschoss höher als der Sternsaal, und hatte insofern annähernd gleiche Abmessungen wie dieser: etwa 16 Meter lang und 11 Meter breit, übertraf ihn aber mit 9,75 Meter in der Höhe um drei Meter. Der Raum gehörte zu den Elisabeth-Kammern, die ihren Namen der Königin Elisabeth Christine verdankten, der Gemahlin Friedrichs des Großen, die hier über den Gemächern des Königs wohnte. 1698 hatte man damit begonnen, den Saal für Friedrich III./I. auszubauen, doch ein gutes Jahr später, mit der Ernennung Schlüters zum Schlossbaumeister, fiel die Entscheidung, nunmehr den Rittersaal als Festsaal zu gestalten, obwohl der »Elisabeth-Saal« schon weitgehend fertiggestellt war. Unvollendet war allein das Decken-

gemälde, das erst unter Christian Bernhard Rode vor 1794 neu gemalt wurde. Ungefähr zeitgleich wurden die Wände mit grau-gelbem Stuckmarmor versehen und die Türrahmen in Marmor erneuert. Außerdem erhielt der Raum damals einen neuen Fußboden, dessen hell und dunkel getönten Hölzer radial zur Mitte laufen und die Illusion erzeugen, der Boden sei dreidimensional gefaltet. Ein Blick auf die nördliche Längswand zeigt, dass diese – im Gegensatz zu den Schmalwänden – nahezu keinen plastischen Dekor aufweist. Die ins Treppenhaus führende Flügeltür, seitlich von korinthischen Säulen eingefasst, stammt aus wilhelminischer Zeit, ebenso der Kronleuchter und die Vielzahl der aufgereihten Stühle. Zu beiden Seiten der Säulen erkennt man flache Nischen mit vergoldeten Muscheln und darüber, wie an den Schmalseiten, leicht ovale Kugelnischen mit eingestellten Büsten. In der später falsch erneuerten Kaminnische muss man sich, ähnlich wie im Schweizersaal, einen Kachelofen-Kamin vorstellen. In Bezug auf architektonische Gliederung und plastischen Schmuck unterscheiden sich die beiden Schmalwände nicht voneinander. Die Wände weisen jeweils drei Achsen auf, wobei die äußeren durch Türen mit Supraporten und auffallend hohen Bögen darüber bestimmt werden. In der Mittelachse befindet sich der Kamin, darüber ein Nischenbogen mit eingestellter Büste. Die von einem friesartig gefassten Bogen umfangene mächtige Muschel scheint die »Kaminarchitektur« fast zu erdrücken. Dasselbe lässt sich von den großen, überhalbkreisförmigen Bogenfeldern der seitlichen Achsen im Hinblick auf die Türen sagen. Das Spektakulärste aber sind die ungemein bewegten, barocken Stuckfiguren jeglichen Alters, von denen es auf jeder Schmalseite acht gibt. Nur mäßig bekleidet, hocken sie in verschiedensten Stellungen auf den Pfeilerecken und stützen gleich Atlanten die bogenförmigen Umrahmungen der Wandfelder. Doch machen sie das eher beiläufig und spielerisch und auch nur mit einer Hand. Die Jünglingsfiguren in den Ecken haben keine Trage- oder Stützfunktion, sondern scheinen sich an den Wänden eher festzuhalten. Architektonisch kommt ihnen die Aufgabe zu, die Schmalseiten des Raums mit dessen Längsseiten optisch zu verklammern. Andreas Schlüter hatte die »Atlanten«, die seit jeher als »gewagt« empfunden wurden, noch als Hofbildhauer entworfen und die »Bozzetti«, plastische Modelle in verkleinerter Form, in seiner Werkstatt herstellen lassen. Ausgeführt wurden sie von dem seit 1682 in Berlin ansässigen Hofstukkateur und Maurermeister Giovanni Simonetti, der sich als der Ältere bereitwillig den künstlerischen Vorgaben Schlüters anpasste. Bei einem Blick nach oben sieht man das den Saal umlaufende Hauptgesims sowie die mit antikisierenden Reliefs geschmückte Balustrade aus Gips. Voneinander getrennt sind die aus der Zeit Schlüters stammenden Reliefs durch kurze, kannelierte Brüstungspfeiler mit bauchigen Blumenvasen und seitlich herabhängenden Füllhörnern. Darüber, im Bereich der Voute, sieht man von Augustin Terwesten gemalte Figuren verschiedener Nationalitäten und Altersstufen. Lässig über die Brüstung gelehnt, blicken sie als Zuschauer eines imaginären Geschehens in den Saal hinab.

40 Pfeilersaal (Raum 679). Östliche Kaminwand, 1926

41 Pfeilersaal (Raum 679). Blick nach Osten, 1926

Wie die Abbildungen zeigen, ist der geläufige Name für diesen im I. Stockwerk über Portal II gelegene Saal genau genommen unzutreffend, denn es sind nicht Pfeiler zu sehen, sondern Säulen. Als Friedrich Wilhelm II. die zwischen Portal II und der Ecke zur Schlossfreiheit gelegenen Räume für seine Gemahlin Friederike herrichten ließ, beauftragte er damit Carl Gotthard Langhans, seit 1788 Direktor des neu geschaffenen Oberhofbauamtes. Der für die Königin als Festsaal gedachte Raum hatte eine Länge von 16,3 Meter und eine Breite von 9,4 Meter. In dieses Rechteck stellte Langhans freistehende Säulen aus Stuckmarmor, acht an der Zahl, welche er in Form eines Ovals anordnete. Unterstützt wird der Eindruck eines ovalen Raums durch die Decke. Ein Blick auf die östliche Schmalwand zeigt die Rundung des aus Architrav, Fries und Gesims bestehenden Gebälks, das von den ionischen Säulen getragen wird. Das von Johann Christoph Kimpfel geschaffene Deckengemälde stellt eine »Versammlung der olympischen Götter« dar, welche am Rande eines aufgerissenen Himmels auf Wolken sitzen. Die mittlere Achse der östlichen Schmalwand wird von einem Kamin eingenommen, dessen runde Öffnung sich oben in dem bronzierten Tondo wiederholt. Über dem Kamin erhebt sich eine Ädikula mit Halbrundnische, die von kannelierten Pilasterhermen eingefasst ist. In die Nische eingestellt ist eine mit bacchantischen Szenen geschmückte Prachtvase. Über den Türen – mit dem Hauptzugang gegenüber der Fensterseite gibt es sieben, drei davon als Blindtüren – sieht man in Rundnischen Gipsbüsten von Gestalten der römischen Geschichte. Farblich war der Raum durch den rötlichen Stuckmarmor der Wände und den grauen Stuckmarmor der Säulen bestimmt. Der von Langhans 1789–91 gestaltete Pfeilersaal taucht in Schlossbeschreibungen auch als »Großer

Marmorsaal« auf. Die Wohnung Friederikes erhielt nach dem Tode Friedrich Wilhelms II. den Namen »Königin-Mutter-Kammern«. Nachdem der Pfeilersaal unter Wilhelm II. mit Sesseln und Tischen, bombastischen Kronleuchtern und sogar Eisbärfellen eingerichtet worden war, blieb er nach Eröffnung der »Historischen Räume« unmöbliert.

42 **Marmorsaal (Raum 684). Blick nach Westen, 1926**
Es sind vor allem die Wände aus Stuckmarmor, denen der Saal seinen Namen verdankt. Von der Größe her betrachtet – Länge etwa acht Meter, Breite etwa sechs Meter – handelt es sich bei dem »Saal« mehr um einen Raum, der zur Schlossplatzseite hin auch nur zwei Fensterachsen aufweist. Um eine Verwechslung mit dem Pfeilersaal oder Großen Marmorsaal zu vermeiden, wird der Raum in älteren Schlossbeschreibungen als »kleiner« Marmorsaal oder als »Marmorkammer« bezeichnet. Langhans konnte hier, bei der Umgestaltung des Raums für Königin Friederike, einmal mehr seine Vorliebe für ovale Räume befriedigen – diesmal ohne Zuhilfenahme von Säulen: Er gab dem rechteckigen Raum abgeschrägte Ecken, sodass genau genommen ein gestrecktes Oktogon entstand. Der Eindruck eines Ovals wird mehr durch die Decke und das kurvig geführte Gesims in den »Ecken« hervorgerufen. Die 1789/90 ausgeführten Deckenmalereien von Johann Christoph Kimpfel lassen die Illusion einer Rippenkuppel entstehen, die auf der Krümmung der Deckenkehle beginnt und sich zum Himmel öffnet. Auf dem ovalen Mittelfeld ist Apoll mit dem Sonnenwagen dargestellt, während zwischen den gemalten Rippen die Tierkreiszeichen zu sehen sind. Die Wände des Raums sind mit rötlichem Stuckmarmor verkleidet, nur die unprofilierten Sockelstreifen sind blaugrün marmoriert. Wie ein Blick auf die westliche Schmalwand und auf die nördliche Innenwand zeigt, sind die Wandpartien in den abgeschrägten Ecken und in der Mitte der Längswand leicht vorgezogen und durch eingeschnittene Nischen akzentuiert. In den insgesamt sechs Nischen des Raums stehen auf kannelierten Pfeiler- oder Säulenstümpfen weiße Marmorstatuetten von Antoine Tassaert. Die kleine Statue in der Nische links neben der Tür stellt die 1784 geschaffene »Atalante« dar, die sich im Lauf bückt, um einen der drei von Hippomenes in die Bahn geworfenen goldenen Äpfel aufzuheben. Zwischen den Ecknischen, in Höhe der kleinen, leicht hochovalen Felder, sind in die Wandflächen Stuckreliefs eingeschnitten, ebenso wie über den Nischen der Seitenwände. Die nach Zeichnungen Schadows entstandenen Reliefs stellen Szenen der antiken Mythologie dar. Das Relief in der westlichen Schmalwand schildert die Hochzeit von Amor und Psyche. In der Mitte erkennt man den in Psyches Schoß ruhenden Liebesgott, dem ein Jüngling von rechts eine Weinschale reicht, während von links Hymenaios, der griechische Gott der Ehe, die Szene mit einer Fackel beleuchtet. Von 1888 bis 1918 diente der Marmorsaal der Kaiserin Auguste Viktoria als Schreibzimmer. In dieser Zeit war der Raum völlig übermöbliert, mit Sesseln und Tischen, Wandschirmen und Teppichen. Bei Schaffung der »Historischen Wohnräume« 1925/26 entfernte man das gesamte Meublement und die Seidenbespannungen der Wände, um dem Raum seinen vornehm-kühlen Charakter zurückzugeben.

43 **Rote Marmorkammer (Raum 682). Blick nach Westen, 1926**
Carl Gotthard Langhans gestaltete diesen Raum 1789–91 zu einem Gesellschaftszimmer für Königin Friederike um, behielt jedoch von der überkommenen Ausstattung einiges bei. Während die Türrahmen aus grauem Marmor bestanden, waren die Füllungen der Paneele und Fensterwände mit rotem Marmor ausgelegt, dem die Kammer ihren Namen verdankt. Langhans ließ die Wände mit blassgrünem Atlasstoff bespannen, der mit rötlichen Girlanden durchwirkt war. Beim Blick auf die westliche Schmalwand fallen über den Türen kalottenartige Nischen auf, die wie aus den Wandfeldern herausgeschnitten wirken. Aufgestellt sind in den Nischen Amphoren aus Gipsmarmor. Die Aufnahme zeigt den Raum in seiner Gestaltung als Empfangszimmer der Kaiserin Auguste Viktoria in den Jahren 1909 bis 1918. Damals wurde auch die ursprünglich von Johann Christoph Kimpfel in einem Kassettenmuster gemalte Decke durch eine Nachahmung der Decke des Nachbarzimmers ersetzt, mit Flachreliefs sowie bronzierten Vasen und Medaillons in der Voute. Darüber, im Deckenfeld, befinden sich gemalte Medaillons, in denen puttenartige Geschöpfe zu erkennen sind. Von besonderem Interesse ist das Gemälde links neben der zum Speisesaal führenden Tür. Es handelt sich um die linke Hälfte von Antoine Watteaus »Firmenschild des Kunsthändlers Gersaint«. Die rechte Hälfte dieses bekannten, von Friedrich II. 1745 in zwei Teilen erworbenen Gemäldes befindet sich, von der Aufnahme nicht mehr erfasst, rechts neben der Tür. Am linken Bildrand sieht man, aufgestellt vor dem Spiegel des Fensterpfeilers, eine verkleinerte Replik der »Tambourin spielenden Bacchantin« des 1788 gestorbenen Bildhauers Antoine Tassaert.

44 **Kaiserliche Wohnung (Raum 668). Empfangszimmer, 1916**
Das Empfangszimmer Kaiser Wilhelms II. lag im I. Stockwerk des Schlossplatzflügels, neben Portal I. Im 18. Jahrhundert war der zweifenstrige Raum das Audienzzimmer Friedrichs des Großen. Aus dieser Zeit stammen noch die Türen mit den für das Rokoko typischen gedrückten Bögen, die hohen Supraporten, das weiße Sockelpaneel sowie die Decke mit vergoldetem Rankenwerk im Stil des friderizianischen Rokoko. Die Supraporten zeigen jeweils sechs spielende Putten. Auf der Supraporte der östlichen Wand sind sie mit Attributen des Götterboten Hermes beschäftigt, dessen in die Höhe gehaltener Heroldstab in der Mitte des Reliefs zu erkennen ist. Auch die Stühle und der von Johann Michael Hoppenhaupt geschaffene Konsoltisch (rechts an der Fensterwand) gehören der Zeit um 1750 an. Aus wilhelminischer Zeit stammen der Schreibtisch und die Vitrinen, hergestellt im Stil des »Neorokoko« von dem Kunsttischler Julius Zwiener. Die Kaminbekrönung wurde 1888 von Otto Lessing modelliert. Aufmerksamkeit verdienen die Gemälde des Raums, von denen vier zu einer Porträtserie von Jugendfreunden Friedrichs II. gehören. Hervorzuheben ist das Bild an der östlichen Wand, rechts neben der zum Sternsaal führenden Tür. Die Darstellung zeigt den vom Kronprinzen sehr geschätzten Charles Etienne Jordan, der sich am Rheinsberger Hof literarischen und philosophischen Studien widmete. Geschaffen wurden die »Freundschaftsbilder« 1738–40 von Antoine Pesne.

45 **Kaiserliche Wohnung (Raum 696). Decke des Speisesaals, nach 1926**
Der Speisesaal Wilhelms II. lag im I. Stockwerk des Schlossplatzflügels und war 1888 durch die Zusammenlegung von zwei Räumen des Barockbaus entstanden. Er hatte daher die stattliche Länge von 19,5 Metern mit vier Fenstern zum Großen Schlosshof hin. Das von Anton von Werner entworfene und von Karl Wendling ausgeführte Deckengemälde stellt in allegorischer Form das Thema »Der Ruhm Friedrichs des Großen« dar. In der Mitte erstrahlt das jugendlich wirkende Bildnis Friedrichs II., über dem Haupt die Königskrone, im unteren Teil von einem Hermelin umflossen. Gehalten wird das von einem Palmzweig und von Rollwerk kartuschenförmig gerahmte Porträt von einer Trompete blasenden Fama und drei Putten. In der antiken Mythologie stellt die *Fama bona* die Personifikation des guten Rufs dar; in der Barockzeit steht sie im Dienst der Verherrlichung des absoluten Fürsten. Eine zweite, das Blasinstrument in die Höhe haltende Fama ist rechts oberhalb des Bildnisses an die Decke gemalt, und neben ihr sieht man eine weitere weibliche Figur mit einer Lyra, ein Instrument, das der epischen Dichtung und ihrer Muse Kalliope zugeordnet ist. Links unten erblickt man das dem König huldigende Brandenburg-Preußen, versinnbildlicht durch einen großen, dunkel gewandeten Krieger mit der preußischen Fahne. Rechts unten schwebt ein Putto heran, der sich von einem Adler tragen lässt und mit den Händen eine Schrift hochhält: *Antimacchiavel edit. Fr.* Es ist ein Hinweis auf die berühmte, von Friedrich (II.) schon 1739 verfasste Abhandlung, in der er die These des florentinischen Staatsmanns Niccolò Macchiavelli zurückwies, dass der (politische) Zweck die Mittel heilige; der vornehmste Beruf eines Fürsten bestehe darin, der erste Diener des Staates zu sein. Von dem Putto unten rechts führt eine Diagonale nach oben links zu einem Adler, der in seinen Klauen ein Schriftband hält, auf dem geschrieben steht: *Non soli cedit* – Der Sonne weicht er nicht. So fliegt denn der Adler hoch in das Licht der Sonne, deren Strahlen über den Schwingen des preußischen Wappentiers erscheinen.

46 **Arbeitszimmer Wilhelms II. (Raum 669). Blick nach Osten, 1926**
Dieser zur kaiserlichen Wohnung gehörende Raum lag im I. Stockwerk des Schlossplatzflügels und konnte über die Marmortreppe erreicht werden. Deckengemälde und Gesims stammen noch aus der Zeit Schlüters. Das von Augustin Terwesten 1704 geschaffene Gemälde stellt einmal mehr die »Versammlung der olympischen Götter« dar, ein für größere Räume offenbar beliebtes Motiv. In der Voute, der Deckenkehle, sieht man leicht bekleidete Figuren, teils in kontemplativer Haltung, teils lebhaft agierend, außerdem Putten in heftiger Armbewegung, das Ganze vor einer lieblichen Landschaft. Die breiten, korbbogigen Türen – zu sehen ist die in der östlichen Schmalwand – sind aus der Zeit Friedrichs II., als der Raum ebenfalls als Arbeitszimmer diente, während die Supraporten erst 1888 angebracht wurden. Es handelt sich dabei um Kopien friderizianischer Reliefs des 18. Jahrhunderts im Schloss Charlottenburg. Dargestellt sind, jeweils in der linken Hälfte, Liebespaare in komödiantischer Verkleidung vor dekorativen Kleinarchitekturen, während die jeweils rechte Hälfte eine Gartenlandschaft andeutet. Das große Gemälde an der Innenwand, der Fensterseite gegenüber, wurde 1666 von Pieter Nason geschaffen, einem niederländischen Maler des Barock.

Als Ganzfigurenporträt dargestellt ist ein junger Fürst, wohl Ludwig Heinrich Moritz von Pfalz-Simmern, dessen Mutter eine Tochter des brandenburgischen Kurfürsten Jochim Friedrich war. Zu der auf Wilhelm II. zurückgehenden Ausstattung gehören der Kronleuchter und die goldgeprägte Ledertapete. Der schwere Schreibtisch in der Mitte des Raums stand vor 1918 im Adjutantenzimmer, östlich neben dem Sternsaal. An diesem Schreibtisch unterschrieb Wilhelm II. am 1. August 1914 den Mobilmachungsbefehl. Der Schreibtisch war in einer Londoner Kunsttischlerei gefertigt worden, hergestellt aus dem Holz der »Victory«, dem Flaggschiff von Admiral Nelson.

47 **Marmortreppe. Blick in das Treppenhaus von Westen, 1916**
Die Marmortreppe befindet sich in einem hofseitigen Vorbau des Schlossplatzflügels, errichtet zwischen diesem und dem südlichen Ende des Quergebäudes. Von hier aus ermöglichte die Treppe den Zugang von beiden Höfen zu den Räumen der kaiserlichen Wohnung, einschließlich des über Portal II gelegenen Pfeilersaals. Entstanden war die Treppe unter der Bauleitung von Martin Heinrich Böhme um 1716. Friedrich Wilhelm I., dem Bauherrn, genügten als Geländer einfache Eisenstäbe sowie Stufen und Säulen aus Sandstein. Erst Wilhelm I. ließ 1863/64 Stufen und Geländer aus Großkunzendorfer Marmor einbauen, als eine Maßnahme gegen die damalige Arbeitslosigkeit in Schlesien. Nach der Jahrhundertwende, unter Wilhelm II., wurden Säulen, Pfeiler und Pilaster sowie die Wandsockel mit Stuckmarmor überzogen. Die Aufnahme bietet vom ersten Podest aus einen guten Blick durch das Treppenhaus. Um einen rechteckigen Innenraum, das Treppenauge, liegen die geraden Läufe. Zwischen Pfeilern und Doppelsäulen sind jeweils breite, neobarocke Geländer eingespannt. Oben fällt der Blick auf ionische Wandpilaster und auf die Stuckgliederung der Gewölbe, die mit Reliefs aus dem Alabastersaal geschmückt sind. Insgesamt besticht die Marmortreppe durch eine überzeugende Raumwirkung: klar in der architektonischen Gestaltung, stimmig in den Proportionen und jeden barocken Überschwang vermeidend.

48 **Teesalon Königin Elisabeths (Raum 659). Blick nach Nordosten, um 1928**
Einst hatte Friedrich II. diesen großen, annähernd quadratischen Raum, der die ganze Breite des Schlossplatzflügels einnahm, als Konzertzimmer genutzt und ihn 1745 in Rokokoformen dekorieren lassen. Achtzig Jahre später, 1824–26, wurde der im I. Stockwerk gelegene Raum von Karl Friedrich Schinkel im Stil des Klassizismus und gemäß einer Skizze des Kronprinzen neugestaltet. Ungewöhnlich ist, dass die beiden Türen diagonal gegenüberliegen, wobei die auf der Abbildung zu sehende östliche Tür zum Wohnzimmer Elisabeths führt. Wichtigster Einrichtungsgegenstand des Teesalons war eine halbrunde Bank, eine Exedra, wie sie im 19. Jahrhundert gerade in Berlin und Potsdam für Außen- oder Innenräume beliebt war. Dazu kamen zwei Dutzend Sessel und Stühle sowie zwei antikische Klinen, hergestellt nach Entwürfen von Schinkel. Das jungvermählte Kronprinzenpaar Friedrich Wilhelm (IV.) und Elisabeth von Bayern luden hier zum Tee, doch der eigentliche Zweck bestand im geistigen Austausch mit Gelehrten und Künstlern »ohne Rücksicht auf Rang und Stand«, wie Albert Geyer diese Zusammenkünfte später beschrieb. Bei einem Blick in den Raum fällt bezüglich der Dekoration das runde Element auf: bei den Gemälden an den Wänden, bei dem »Sonnensegel« der Decke sowie bei dem bronzenen Kronleuchter, der mit dem Halbrund der Exedra korrespondierte. Die leicht gewölbte Decke ist als Velarium gestaltet, mit nach innen zulaufenden Bahnen, die durch eine Borte zusammengehalten werden. Die Wände sind mit insgesamt zehn Rundbildern geschmückt, vier an der hofseitigen Wand, jeweils drei an den Innenwänden. Dargestellt sind Szenen der griechischen Mythologie, zum Beispiel an der östlichen Wand ganz rechts »Penthesilea wird von Achilleus getötet«. Die mit Stuckmarmor verkleideten Wände weisen ein etwa mannshohes Paneel auf, das durch Pilaster gegliedert ist. Über diesen stehen jeweils zwei Putten, die kleine Gebälkstücke tragen, auf denen wiederum in Gips ausgeführte Statuetten postiert sind. Auffallend ist, dass diese bis in die Zone der Rundbilder hineinragen, sodass ein Besucher sehr hoch blicken muss, um sie zu erkennen. Die von Christian Friedrich Tieck 1825–27 modellierten Statuetten stellen Figuren der griechischen Mythologie dar: von Ariadne und Omphale bis Odysseus und Theseus.

49 **Wohnzimmer Königin Elisabeths (Raum 658). Blick nach Süden, um 1928**
Der am östlichen Ende des Schlossplatzflügels liegende Raum war durch einen Erker ausgezeichnet, von dessen mittlerem Fenster aus man direkt auf die Kurfürstenbrücke schauen konnte. Friedrich Wilhelm (IV.) ließ diesen Raum, wie auch die drei nach Westen anschließenden Räume, 1824–27 von

Karl Friedrich Schinkel in klassizistischem Stil neugestalten. Das schöne Erkerzimmer bekam die Kronprinzessin und spätere Königin als Wohnzimmer. Wilhelm II. nutzte den Raum als »türkisches Zimmer« für das Aufbewahren von Geschenken des Sultans und von Mitbringseln aus dem Orient. Aus der Zeit Schlüters stammte nur noch die leicht gewölbte Form der Putzdecke und das barocke Deckengesims. Mit Hilfe zeitgenössischer Aquarelle konnte man 1925/26 den Raum in den ursprünglichen Zustand zurückversetzen, möglich auch deshalb, weil es noch genügend originale Möbel und Gemälde gab. Der Blick geht durch den etwa 11,5 Meter langen und 6,5 Meter breiten Raum bis zu dem Fensterpfeiler in der Bildmitte. Links neben diesem befindet sich der um eine Stufe erhöhte Erkerraum, dessen Durchmesser vier Meter beträgt. In diesem »halbrunden Cabinet« steht – auf der Photographie kaum zu erkennen – eine Büste des Kronprinzen, geschaffen 1823 von Christian Daniel Rauch. Besser zu sehen sind die Büsten zweier Frauengestalten: links an der Fensterecke, auf einem Postament, die Büste der Prinzessin Charlotte, Schwester Friedrich Wilhelms und spätere russische Zarin, ebenfalls ein Werk von Rauch, 1816; im Raum weiter hinten, auf einer Vitrine, die Büste der Kronprinzessin Elisabeth, geschaffen 1824 von Christian Friedrich Tieck. Zwei weitere Werke von Rauch befinden sich mitten im Zimmer: Die Bronzestatuette »Betendes Mädchen« (1827) steht neben einem zierlichen Damenschreibtisch, während hinter einer Chaiselongue, mit dem Rücken zum Betrachter, die Statuette »Knabe mit Bibel« (1832) aufgestellt ist. An den mit Seide bespannten Wänden sieht man in dichter Hängung verschiedene Gemälde, von denen die drei der unteren Reihe rechts als bedeutende Werke Caspar David Friedrichs gelten (von rechts nach links): »Abtei im Eichwald«, »Der Mönch am Meer« und »Morgen im Riesengebirge«. Die beiden erstgenannten Bilder schuf der Maler als Gegenstücke. Auf der Berliner Akademieausstellung 1810 wurden sie von Friedrich Wilhelm III. auf Wunsch des damals fünfzehnjährigen Kronprinzen erworben.

50 **Schreibzimmer Friedrichs II. (Raum 648). Blick nach Süden, 1916**

Das Schreibzimmer gehörte zur Wohnung Friedrichs II., die – beginnend mit dem später von Langhans neugestalteten Pfeilersaal – den östlichen Teil des Schlossplatzflügels einnahm. Bei Anwesenheit des Königs hielt in diesem über Portal II. gelegenen Saal die Garde du Corps Wache. Die »Runde Kammer«, wie der Raum zu jener Zeit genannt wurde, lag schon im Spreeflügel und öffnete sich zur Wasserseite hin mit nur einem Fenster. Völlig neu ausstatten ließ Friedrich II. ab 1745 vier Räume, wobei er für die Dekoration des Schreibzimmers das meiste Geld genehmigte. Die künstlerische Zuständigkeit lag bei Johann August Nahl und Johann Michael Hoppenhaupt. Ungewöhnlich ist die Stereometrie des Raums: Die Höhe des kreisrunden Schreibkabinetts entspricht mit 6,59 Metern fast dem Durchmesser von 6,73 Metern – eine im Berliner Schloss einzigartige harmonische Raumschöpfung. Die »Runde Kammer« ist symbolhafter Ausdruck für Abgeschiedenheit und geistige Konzentration, vergleichbar dem Arbeitszimmer Friedrichs in Rheinsberg und der Bibliothek in Sanssouci. Die kostbaren Hölzer des Fußbodens mit dem sternförmigen Kreis in der Mitte korrespondieren mit den paarig angeordneten Gurten der Decke. Diese ist nur flach gewölbt, erweckt jedoch durch die radial auf einen Deckenring zulaufenden Gurtpaare den Eindruck einer Kuppel. Wie die Stuckdecke ist auch die holzvertäfelte Wand durch eine vergoldete Rokoko-Dekoration gestaltet. Die Wandabschnitte werden durch schmale, pilasterähnliche Felder gegliedert, die spiegelbildlich durch Rocaillen geschmückt sind. Die zweiflügelige Tür, die zu dem großen Erkerzimmer führt, wird wie das großformatige Gemälde von Palmenstämmen gerahmt, deren ovalförmige »Verzweigungen« Sonnensymbole umfangen: die Sonne als strahlenumkränztes menschliches Gesicht, im Absolutismus ein Symbol für Aufklärung und Vernunft. Das Gemälde zeigt die italienische Tänzerin Barbara Campanini, genannt Barbarina, gemalt 1745 von Antoine Pesne, und zwar eigens für diesen Raum. Die Darstellung einer Tänzerin als Ganzfigur bedeutete etwas unerhört Neues, war diese Darstellungsform doch eigentlich nur hochgestellten Persönlichkeiten vorbehalten. Zu ihrer Zeit ungemein populär, begeisterte die Barbarina das Publikum für ein paar Jahre an der Königlichen Hofoper, die sie auf Drängen des Königs engagiert hatte. Vielleicht mit Absicht auf die Form des Raums Bezug nehmen mag das Tamburin in der linken Hand der Tänzerin, ebenso – auf der Abbildung nicht leicht zu erkennen – die in halbrundem Bogen gemalte Treillage, ein Laubengang aus Gitterwerk. Das Schreibzimmer Friedrichs des Großen war der einzige Raum, der die ständigen baulichen und dekorativen Veränderungen des 19. Jahrhunderts überstand, selbst als er zur Zeit Wilhelms II. als Gästeschlafzimmer herhalten musste.

51 Eckzimmer der Elisabeth-Kammern (Raum 839). Blick nach Osten, 1916

Beginnend mit dem Elisabeth-Saal über Portal II, befanden sich die Wohnräume der Königin Elisabeth Christine im II. Stockwerk des Schlossplatzflügels und in einem Teil des Spreeflügels. Mit einer Größe von 6,5 mal 6,5 Meter war der Wohnbereich des Eckzimmers – ohne den Erker – ein ganzes Stück kleiner als der des darunter liegenden Eckraums. Die Photographie zeigt ein eher einfach möbliertes Zimmer; das Fenster links geht zur Spree hinaus, während man von den drei Fenstern des Erkers sowohl die Spree als auch den Schlossplatz sehen kann. Architektonisch interessant ist der hohe Erkerbogen; er geht auf den Bau des prächtigen Renaissanceflügels zurück, den Joachim II. ab 1538 hatte errichten lassen. Erst 1830 wurde dieser Bogen mit seiner künstlerischen Rahmung bei Baumaßnahmen wieder aufgedeckt. Dass der Bogen gemäß dem Wunsch Friedrich Wilhelms III. – wohl auch dem des historisch und architektonisch sehr aufgeschlossenen Kronprinzen – sichtbar belassen wurde, stellt einen bemerkenswerten Akt von Denkmalpflege dar. Da die Innenseite des steinernen Bogens im Schatten liegt, ist es schwer, etwas von dem überreichen Schmuck zu erkennen. In den Zwickeln sitzen Medaillons mit den Porträts des Kurfürsten Joachim II. und seiner Gemahlin Hedwig. Die Medaillons sind von wucherndem Blattwerk umgeben, während der Fries gleichmäßige vegetabile Formen aufweist. Besser zu erkennen ist die mit Rosetten besetzte kassettierte Laibung des Bogens. Als Künstler kommt Hans Schenk gen. Scheußlich in Frage, zur Zeit des Joachim-Baus Leiter der Bildhauerwerkstatt. Elisabeth Christine hielt sich während der Sommermonate im Lustschloss zu Schönhausen auf, wo sie – nach einem unverbürgten Wort ihres Gemahls Friedrich II. – »schön hausen« sollte.

52 Reiterdenkmal des Großen Kurfürsten. Blick von Osten, um 1930

Das Reiterdenkmal erhebt sich auf einem Ausbau der Kurfürstenbrücke, nahe dem Schlossplatzflügel. Seit 1696 war Andreas Schlüter mit Entwurf und Modellierung der Skulptur befasst, die Friedrich III./I. zur Verherrlichung seines Vaters in Auftrag gegeben hatte. Im Herbst 1700 wurde sie von Johann Jacobi im Gießhaus am Kupfergraben gegossen und im Sommer 1703 aufgestellt. Die vier am Sockel gefesselten Sklaven, ein »Standardmotiv« des siegreichen Herrschers, waren in Schlüters Konzeption vorgesehen, wurden dann aber von anderen Künstlern geschaffen und erst 1708/09 dem Denkmal beigefügt. Das Reiterdenkmal selbst, das als Schlüters plastisches Hauptwerk gilt, zeigt den Großen Kurfürsten als römischen Imperator in antikem Panzer, aber mit barocker Allongeperücke, mit der Hand des entblößten rechten Unterarms den Kommandostab haltend. Schon in der Antike war das Material Bronze mit der Vorstellung von Tatkraft und Dauerhaftigkeit verbunden, so wie bei Kaiser Marc Aurel, dessen Reiterstandbild Schlüter wohl in Rom gesehen hatte. Der Große Kurfürst, Erz-Kämmerer des Reiches, hat an der Schnittstelle der Bürgerstadt mit dem Schlossbezirk Aufstellung genommen. Von hier aus blickt er hinüber zur Residenz seines Sohnes und Erben, dem es gelungen war, den Titel eines Königs zu erringen. In dessen Augen diente das barock-absolutistische Reitermonument auch zur Propagierung des angestrebten brandenburgisch-preußischen Aufstiegs zur europäischen Großmacht.

53 Spreefront und Berliner Dom. Blick nach Norden, um 1930

Der Blick geht von der Kurfürstenbrücke spreeabwärts zur Kaiser-Wilhelm-Brücke, entlang den zum Wasser hin gelegenen An- und Vorbauten des Spreeflügels. Im Vordergrund links erhebt sich der Kapellenturm, gefolgt vom Haus der Herzogin, dem Galeriebau und der an dem Vorsprung zu erkennenden Wohnung des Großen Kurfürsten. Zwischen diesen Gebäuden und dem Spreeflügel befinden sich zwei Innenhöfe, nämlich der kleinere Kapellenhof hinter dem Haus der Herzogin und der größere Eishof hinter dem Galeriebau. (Siehe Lageplan S. 122.) Gut zu sehen ist die abgesenkte Uferterrasse als Anlagestelle für das Dampfboot Kaiser Wilhelms II. Vor dem Kapellenturm, zwischen diesem und einer älteren Begrenzungsmauer (ganz links im Bild), liegt das Schlossgärtchen, das Wilhelm II. neu gestalten ließ. Aufgefangen wird der Blick durch den mächtigen Dom, dessen südliche Seite – anders als die im Schatten liegende Spreefront – von der Sonne beschienen wird. Oberhalb der Brücke kann man den Kuppelbau des Circus Busch erkennen. Die Häuser am rechten Bildrand gehören zur Burgstraße.

54 Kurfürstenbrücke und Schloss. Blick von Osten, um 1910

Der etwas erhöhte Standort des Photographen befindet sich auf der östlichen Spreeseite in der Burgstraße unmittelbar vor der Langen Brücke, wie die Kurfürstenbrücke ursprünglich hieß. Von hier wird der Blick als erstes von der

Fassade des Schlossplatzflügels angezogen. Einen Hinweis auf die Zeit der Aufnahme geben die Statuen über den Portalrisaliten, da diese erst nach 1900 aufgestellt wurden. Von dem Schlüterschen Erkerturm der Südostecke geht die Barockfassade noch ein paar Fensterachsen in den Spreeflügel über, der dann, beginnend mit dem Kapellenturm, von den Bauten der Spreefront verdeckt wird. Die Brücke im Vordergrund war zunächst eine mehrfach erneuerte Jochbrücke, die schon seit dem 14. Jahrhundert bestand. An ihre Stelle trat dann eine 1692–96 von Johann Arnold Nering erbaute steinerne Brücke mit fünf Bogenöffnungen. Das Reiterstandbild des Großen Kurfürsten fand auf einem vorkragenden Ausbau seinen Platz. Ein völliger Neubau der Brücke, so wie ihn die Abbildung zeigt, erfolgte 1894–96, was dadurch notwendig wurde, dass nun nicht mehr der Spreekanal, sondern die östlich fließende Hauptspree den Schiffsverkehr aufnehmen musste. Es gelang, der neuen Brücke ein architektonisch ähnliches Aussehen zu geben wie dem Vorgängerbau, und auch das Denkmal konnte seinen »angestammten« Platz behalten. Neu waren die Reduzierung des Brückenöffnungen auf drei und eine steinerne Brüstung anstelle des bisherigen Geländers aus Eisenstäben. Nach Fertigstellung der neuen Brücke erhielt sie offiziell den Namen »Kurfürsten-Brücke« – wie sie von den Berlinern schon seit der Enthüllung des Denkmals im Jahre 1703 genannt worden war.

55 **Ehem. Erasmuskapelle (Raum 649). Blick in den Chor, 1926**
56 **Ehem. Erasmuskapelle (Raum 645). Teil des Querschiffs, 1926**
Die Photographien zeigen den Zustand der »altehrwürdigen« Erasmuskapelle, wie ihn die Schlösserverwaltung nach 1920 im ersten Obergeschoss als Architekturraum herstellte. Der Blick in den Chor, also Richtung Osten, erfasst im Vordergrund noch die beiden Säulen des Querschiffs, das ehemals als Gemeinderaum diente. Eine Besonderheit sind hier die »fliegenden Rippen«, die von der Gewölbefläche gelöst und ohne architektonische Funktion frei unter den Gurtbögen zu schweben scheinen. Hauptblickfang ist das in der perspektivischen Verkürzung zur Apsis hin besonders eindrucksvolle Schlingrippengewölbe, gestaltet in Formen der österreichisch-böhmischen Spätgotik. Das Gewölbe zeigt ein kunstvoll verschlungenes Netz von bandartigen Rippen, die an den Chorwänden tief herabreichen. Auffallend ist, dass die Gewölbeschlusssteine erkennbar nach rechts versetzt sind, bedingt durch den außermittigen Anschluss des Chors an den davorliegenden Gemeinderaum. Durch vortretende Wandpfeiler leicht verengt ist der Blick in die Apsis, in der ein Altarretabel zu sehen ist; es handelt sich dabei um den »Cadolzburger Altar«. Auf dem Mittelbild dieses um 1425/30 geschaffenen Flügelaltars sind auch seine Stifter dargestellt: Burggraf Friedrich IV. von Nürnberg, der 1417 mit der Mark Brandenburg belehnt wurde und sich als Kurfürst Friedrich I. nannte, sowie seine Gemahlin Elisabeth, welche die fränkische Cadolzburg in Besitz hatte. Es war wohl der Bezug zur brandenburgischen Geschichte, dass der Altar 1873 im Zuge einer Schenkung nach Berlin kam. Das Chorgewölbe der Kapelle weist die gleiche Höhe und Krümmung auf wie das Gewölbe des Querschiffs. An dessen südlicher Wand hängen mehrere aus der Kugelkammer stammende Gemälde, bei denen es sich um Ganzfigurenporträts brandenburgischer Herrscher handelt. (Vgl. Abb. S. 78.) Die Baugeschichte der Erasmuskapelle ist kompliziert, lässt sich aber kurzgefasst wie folgt darstellen: In Bezug auf Grundriss und Lage gehört sie – wie das aufgehende Mauerwerk – noch zu dem burgähnlichen Schloss Friedrichs II. Eisenzahn, also in die Zeit um 1445. Damals wurde die Schlosskapelle zur Pfarrkirche erhoben und der Probst von Berlin zum Pfarrer der Gemeinde bestellt. Der mit Emporen versehene Gemeinderaum lag quer vor dem Chor im Spreeflügel und war breiter als dieser. Gut hundert Jahre später, um 1540, wurde im Zusammenhang mit dem Bau eines neuen Schlosses durch Joachim II. der Sakralbau zu einem wuchtigen Turm erhöht, der den gesamten Schlosskomplex überragte. In den ursprünglich durch zwei Geschosse reichenden Kirchenraum mit einer Gesamthöhe von etwa 13 Metern ließ Friedrich der Große 1742 eine Zwischendecke einziehen. Friedrich Wilhelm IV., der »Romantiker auf dem Thron«, veranlasste, dass für ihn das obere Geschoss mit dem schönen »altertümlichen« Gewölbe des Chorraums als Arbeitszimmer eingerichtet wurde. – Den Namen des hl. Erasmus trug die Schlosskapelle von Anfang an, obwohl sich eine direkte Verbindung zu dem Märtyrer des 3./4. Jahrhunderts nicht erkennen lässt. Allerdings war Erasmus als einer der vierzehn Nothelfer bekannt und auf zahlreichen Darstellungen des 15. Jahrhunderts vertreten. Friedrich II. Eisenzahn, der den Heiligen besonders verehrte, benannte nach ihm seinen jüngsten Sohn, der jedoch »ganz jung verschied«. Von Kardinal Albrecht von Brandenburg wird berichtet, dass er die später auf wundersame Weise von Kampanien nach Magdeburg gelangten Reliquien in das Stift der von ihm gegründeten Erasmus-Bruderschaft auf dem Moritzberg bei Halle übertrug.

57 Ehem. Kapelle der Kurfürstin (Raum 828). Blick nach Süden, 1926

Architektonisch gesehen ist die Kapelle von einiger Bedeutung: Sie war der erste barocke Raum im Schloss und gilt als eine der frühesten Hervorbringungen des Barock in Norddeutschland. Als Entstehungszeit nimmt man 1645/46 an, vermutlich errichtet aus Anlass der Vermählung des Kurfürsten Friedrich Wilhelm mit Luise Henriette von Nassau-Oranien. Nach dem baulichen Verfall infolge des Dreißigjährigen Krieges musste das damalige Schloss zunächst wieder instandgesetzt werden. Als einziger Neubau entstand dicht neben dem »Grünen Hut« der Kapellenbau, der im Wortsinn »von Grund auf« bis zum II. Stockwerk hochgezogen wurde. Die Pläne dafür stammten von Johann Gregor Memhardt, dem der Kurfürst auch die Leitung der gesamten Bauarbeiten am Schloss übertragen hatte. Der quadratische, etwa 5,5 mal 5,5 Meter große Raum sollte der Gemahlin des Kurfürsten wohl mehr als Andachtskammer oder Betraum denn als Kapelle dienen, denn einen Altar gab es hier nicht. Der unten rechts zu sehende Kamin hatte die Funktion, den Aufenthalt bei Gebet und frommer Versenkung etwas angenehmer zu machen und das Bedürfnis nach Wärme zu befriedigen. Die Wände des Raums sind durch Pilaster mit Stuckspiegeln gegliedert, und sogar in die Ecken sind Pilaster eingestellt. Zwischen den Pilastern befinden sich große, unterschiedlich gestaltete Kartuschen. Die linke zeigt Knorpelwerk mit Fruchtgehängen sowie in Höhe der ovalen Bildnisse Schmuckformen, die an Elefantenohren denken lassen. Den Pilastern und dem starken Gebälk mangelt es an harmonischer Verbindung mit den Feldern der Deckenkehle – bis auf die Eckpilaster, die sich über kleine, gebrochene Gebälkstücke hinweg im Eckgurt der Voute fortsetzen. Betont wird diese hier harmonisch wirkende Verknüpfung durch die Blumengehänge. Die seitlich mit Eierstäben gefassten Stichbogen weisen mit Füllhörnern und Knorpelwerk umzogene runde Spiegelformen auf, welche mit den leicht ovalen Bildnissen darunter korrespondieren. Die hochrechteckigen, entsprechend der konkaven Wölbung gebogenen Rechteckfelder zeigen barocke Stuckdekorationen mit schwerem Akanthusrollwerk. Bis zur Laterne beträgt die Höhe des ansonsten fensterlosen Raums etwa 8,5 Meter. Die Voute öffnet sich nach oben in ein Quadrat, über dem man niedrige, mit Reliefs geschmückte Attikawände sieht. Von diesen leitet eine zweite Voute zu dem gerade noch sichtbaren runden Ansatz der Laterne über. In Bezug auf die Ornamentik weist der Raum eine etwas »drastische Übernahme« des holländischen Barockstils auf. Es zeigt sich hier, dass Memhardt, der Festungsbaumeister des Großen Kurfürsten, kein Architekt mit hohem künstlerischen Vermögen war.

58 Apothekenbau und Lustgartenflügel. Blick von Nordosten, 1930

59 Kaiser-Wilhelm-Brücke und Schloss. Blick von Nordosten, 1905

Der Blick geht von der östlichen Seite der Spree über die Kaiser-Wilhelm-Brücke und erfasst die Spreefront des Schlosses sowie den Apothekenbau und einen Teil des Lustgartenflügels. Von den am Wasser gelegenen Bauten sind – von links nach rechts – gut wahrzunehmen: das um 1590 entstandene Haus der Herzogin, zu erkennen an den beiden kantigen Ecktürmen mit Haubendächern, anschließend der relativ lange, 1680/85 errichtete Galeriebau mit ursprünglich offenen Bögen in den beiden unteren Geschossen. Der Galeriebau ermöglichte es dem Großen Kurfürsten, von seinen Privatgemächern bequem zu denen seiner Gemahlin zu gelangen. Im Anschluss an diesen Verbindungsbau folgt der im Äußeren schlichte Wohnflügel Friedrich Wilhelms: ein Eckbau mit drei Fensterachsen zur östlichen und sechs zur nördlichen Seite. Der Apothekenbau verstellt etwas den Anschluss an den Lustgartenflügel, dessen Balustrade kurz vor der Hofapotheke endet. Das Areal zwischen der hohen Ufermauer und dem Apothekenbau wird zur Hälfte von einer tiefliegenden Halle eingenommen, von der man bei genauem Hinsehen einige der Lüftungsaufsätze erkennen kann. Es handelt sich um eine zwischen 1889 und 1906 stufenweise installierte Maschinenzentrale mit mehreren Dampfdynamos. Der dafür notwendige Schornstein ist dem Apothekenbau angelehnt und mit einem barock wirkenden Aufsatz bekrönt. Oberhalb der durchfensterten Kaimauer sieht man eine Terrasse, die 1892/93 von Albert Geyer angelegt wurde und über eine gestaffelte Treppe zur Anlegestelle für das kaiserliche Dampfboot führt. Der im Jahre 1585 an den Spreeflügel angebaute Apothekenflügel, in dem sich die Hofapotheke und die Münzstätte befanden, war 1886 um etwa ein Drittel verkürzt worden, sodass von den drei gleich gestalteten Renaissancegiebeln nur zwei übrigblieben. Die Abbruchseite erhielt – wie die Aufnahmen zeigen – einen neuen, risalitartig vorgezogenen Giebel in Renaissanceformen. Grund für die Verkürzung war der Bau der Kaiser-Wilhelm-Brücke mit der breiten, auf sie zuführenden Straße. Der Neubau ersetzte die den Ansprüchen des Verkehrs nicht mehr genügende hölzerne

Kavaliersbrücke, die ihren Namen nach den nahe gelegenen Unterkünften adliger Hofchargen hatte. Erbaut wurde die neue Brücke zwischen Februar 1886 und August 1888. Über den vier Flusspfeilern erheben sich von Trophäen bekrönte Obelisken aus Granit. Parallel zu den steinernen Geländern weisen diese an den Seiten schiffsschnabelartige Bronzearme auf, an denen jeweils eine Bogenlampe hängt. Dass die Beleuchtung der 26 Meter breiten Brücke unbefriedigend blieb, lag vor allem an der zu niedrigen Aufhängung der Lampen, doch war die Kaiser-Wilhelm-Brücke immerhin die erste elektrisch beleuchtete Brücke Berlins.

60 Großer Schlosshof. Portal III und Kuppelbau, 1913

61 Großer Schlosshof. Bekrönung von Portal IV, 1913

Wer den Großen Schlosshof durch Eosanders Triumphportal betrat, sah ein in axialer Linie aufgestelltes Denkmal vor sich, ein Werk des schlesischen Bildhauers August Kiss: »Der hl. Georg im Kampf mit dem Drachen«. (Vgl. Abb. S. 63.) Das Portal beeindruckt auf der Hofseite durch seine strenge und klare Gliederung mit den korinthischen Säulen und dem vorkragenden Gebälk, ohne den barocken Überschwang und die neobarocken Zutaten der Außenseite. So ergibt sich auch ein viel direkterer Vergleich mit Triumphbögen des alten Rom. Von stärkerer Wirkung als auf der »Schauseite« sind auch die originalen Famen in den Zwickeln der Mittelöffnung (wegen der Schattenbildung allerdings schwer zu erkennen); die Statuen auf den Säulen wurden erst um 1850 aufgesetzt. Wenn auch das Portal im Allgemeinen nicht von offiziellen Besuchern oder für festliche Einzüge genutzt wurde, so ist es doch – zumal mit der hohen Kuppel – der das Schloss prägende Bauteil. Deutlich zu erkennen ist, dass die Hoffront rechts von Portal III ein ganzes Stück – es sind genau acht Meter – vorragt, bedingt durch den nach 1891 erfolgten Bau der Weiße-Saal-Galerie. In den östlichen Ecken des Großen Schlosshofs liegen die Portale II und IV. Die Aufnahme zeigt die Bekrönung des zum Lustgarten hinausgehenden Portals IV. Links und rechts eines Wappenmedaillons mit den Initialen F(ridericus) R(ex) sieht man jeweils eine geflügelte Fama , wobei die linke die Ruhmestaten des Herrschers »hinausposaunt«, während die rechte das Musikinstrument nur mit einer Hand hochhält. (Vgl. das Deckengemälde Abb. S. 45.) Oberhalb des von Adlern gehaltenen Wappens sieht man die auf einem Kissen ruhende Königskrone, während darunter der Schwarze-Adler-Orden hängt.

62 Großer Schlosshof. Blick von Westen, 1913

63 Großer Schlosshof. Blick nach Norden, 1913

Der Standort des Photographen befindet sich zum einen nahe dem Eosander-Portal, zum andern vor der Hohenzollern-Treppe des Schlossplatzflügels. Zunächst fällt der Blick auf den die beiden Schlosshöfe trennenden Gebäuderiegel: links der sogenannte Alabastersaal, rechts das sogenannte Quergebäude. Letzteres wurde 1593–95 unter Kurfürst Johann Georg durch Rochus Graf zu Lynar errichtet. Vorgesehen war der Bau für Mitglieder des Hofstaats und für Bedienstete der Verwaltung, doch war hier auch eine Reihe komfortabler Gästezimmer eingerichtet. Ursprünglich wies der Bau hohe Zwerchhäuser auf; das Gesims über dem vierten Geschoss zeigt, wo diese einst ansetzten. Da eine 1873 erfolgte neobarocke Stuckierung auf der Westseite unterblieb und der Putz durch die Witterung abgeblättert ist, wirkt die Fassade hier äußerst schlicht. In dem sich links anschließenden Gebäude befand sich der Hauptfestsaal des Schlosses. Unter den hohen Fenstern des Saals liegt eine niedrige Durchfahrt, welche die beiden Höfe miteinander verbindet. Auf beiden Abbildungen sieht man über dem Alabastersaal einen breiten Segmentgiebel. Er gehört zu einem Risalit, den Eosander an der Lustgartenseite in den Hof hineinbauen ließ. Dafür musste der ursprünglich längere Alabastersaal hier um eine Fensterachse verkürzt werden. Die gleiche Maßnahme wurde etwas später für die entsprechende Stelle des Schlossplatzflügels vorgenommen, und zwar durch Martin Heinrich Böhme. Da die obersten Geschosse beider Risalite Fenster aufweisen, muss angenommen werden, dass anstelle der vorhandenen, ungleich hohen Gebäude ein homogener, niedrigerer Bau vorgesehen war. Da sich jedoch alle diesbezüglichen Pläne zerschlugen, blieb die architektonisch unbefriedigende Situation wie sie war. Nicht ganz zu überzeugen vermag auch die Platzierung des von Kandelabern flankierten Bronzedenkmals. Trotz seiner Größe und des breiten Sockels wirkt die 1865 aufgestellte Skulpturengruppe in der Weite des Hofs etwas verloren. Die Seitenansicht lässt gut erkennen, dass St. Georg mit der Rechten ein Schwert schwingt und mit der linken Hand ein Kreuzbanner hochhält, während sich der Drache unter dem Pferd auf dem Boden windet. Hinterfangen wird die Arbeit des Bildhauers August Kiss von dem westlichen Teil des Lustgartenflügels. In der nordwestlichen Ecke des Hofs befindet sich der Risalit der Höllentreppe (zu sehen am linken Rand der Abb. S. 63), deren Name deshalb aufkam, weil ihre Treppenstufen ohne künstliche Beleuchtung im Dunkeln lagen. Nach dem Bau einer Ersatztreppe ging die alte Bezeichnung auf diese über, obwohl es jetzt eigentlich eine »helle Treppe« war. Die nordöstliche Ecke des Großen Schlosshofs, vor dem rechtwinklig anstoßenden Alabastersaal, wird durch den Risalit von Portal IV eingenommen. Im Vordergrund sieht man die »in Reih und Glied« postierten Gewehrständer der kaiserlichen Leibgarde, deren Wache sich im Schlossplatzflügel befand.

64 Kleiner Schlosshof. Risalit von Portal V, 1913

65 Kleiner Schlosshof. Blick nach Norden, 1913

Der Standort des Photographen bei der Abbildung auf S. 65 befindet sich in der südwestlichen Ecke des rechteckigen Gevierts, das ursprünglich »Platz« oder »Schloss-Platz« genannt wurde; die Bezeichnung »Schlüterhof« für den Kleinen oder Inneren Schlosshof stammt erst aus dem 20. Jahrhundert. Im Hintergrund sieht man den hofseitigen Risalit von Portal V, dem ein gleicher Risalit auf der Südseite gegenübersteht. Rechts fällt der Blick auf einen Teil des Spreeflügels mit dem Risalit des Großen Treppenhauses. Angeschnitten am linken Bildrand werden in starker perspektivischer Verkürzung die Fassaden des Quergebäudes und des Alabastersaals sichtbar. Schlüter war spätestens ab März 1699 am Schlossbau tätig. Das von ihm gefertigte Modell für den Neubau des Schlosses hatte Ähnlichkeit mit einem römischen Palast und sah im Innenhof vier gleichgestaltete Treppenhaus-Risalite mit je drei Achsen sowie eine umlaufende, die Risalite miteinander verbindende Galerie vor. Tatsächlich wurde aber am Spreeflügel von Schlüter ein fünfachsiger Risalit errichtet – eine wichtige Änderung gegenüber dem eigenen Modell! Der Risalit auf der nördlichen Schmalseite des Hofes mit dem »Rittersaal-Treppenkasten« macht durch das hohe Rundbogenfenster und die gekuppelten Säulen auf sich aufmerksam. Der Vorsprung der Rittersaal-Treppe war mitsamt den Rücklagenverkleidungen ein Entwurf von Schlüters unbekanntem Vorgänger. Portal, Risalit und Treppenkasten bilden in Schlüters Architektur eine Einheit. Nicht zu erkennen ist auf den Abbildungen, dass der Treppenkasten ein ganzes Stück in den Hof hineinragt. Außer den vier freistehenden Säulen der Front gibt es an den Ecken des Risalits jeweils noch eine mit dem Mauerwerk verbundene Ecksäule. Auf den korinthischen Kapitellen der vorderen Säulen liegen wuchtige Blöcke, welche die vorspringende Balkonplatte tragen. Die vier auf Postamenten stehenden Frauenstatuen haben allegorischen oder mythologischen Charakter; so könnte die zweite Figur von links aufgrund des Lorbeerkranzes, den sie hochhält, als Siegesgöttin gedeutet werden. Den glatten Schäften der Säulen entsprechen im oberen Bereich kannelierte Pilaster. In der unteren Hälfte der viergeschossigen Rücklagen sieht man zwei übereinander liegende Galerien. Die gekuppelten Säulen im Erdgeschoss und die Pilaster darüber korrespondieren mit den großen Säulen und Pilastern des Portalrisalits. Die von diesem nach links abgehenden Galerien wurden – wie bei dem entsprechenden Abschnitt des südlichen Flügels – erst 1874 ausgeführt, da Schlüter die hier vorhandene Architektur nicht mehr hatte verändern können. Über dem Gesims vor dem Piano nobile sieht man das filigrane Gitter eines Laufgangs; die bis zum Boden herabgezogenen Fenster zeigen im Wechsel Segment- und Dreiecksgiebel, wie sie dann von Eosander für das Hauptgeschoss im Großen Schlosshofs übernommen wurden. (Vgl. Abb. S. 63.) Eine architektonische Besonderheit stellen die loggienartigen Aufsätze dar, die man im zweiten Obergeschoss sieht. Die korbbogigen, verglasten Öffnungen scheinen die Galerien in den beiden direkt neben dem Risalit liegenden Achsen um ein Geschoss zu erhöhen.

66 Kleiner Schlosshof. Blick auf den Spreeflügel, um 1930

68 Kleiner Schlosshof. Risalit des Großen Treppenhauses, 1913

Die beiden Photographien sollen Schlüters großartige Architekturschöpfung aus verschiedenen Blickwinkeln präsentieren: zum einen den Spreeflügel mit dem fünfachsigen Portalbau aus westlicher Richtung, zum andern die Fassade des Risalits »en face«, dem Betrachter direkt gegenüber. Während die Risalite der Schmalseiten zweiachsige Flanken aufweisen, tritt der Risalit des großen Treppenhauses mit nur einer Achse aus dem Mauerverband heraus. Dass sich die Fassade in völligem Gleichgewicht darbietet, beruht auf den harmonischen Maßverhältnissen und der Ausgewogenheit von Vertikalen und Horizontalen. Die untere Hälfte des Risalits ist durch acht freistehende Kolossalsäulen geprägt: sechs in »vorderster Reihe« und zwei etwas zurückgesetzt an den Ecken, wobei das Motiv schräg hintereinander gestellter Säulen häufig bei barocken römischen Sakralbauten zu finden ist. Der Windfang, den man im Eingang sieht, wurde erst 1861 von Stüler zwischen die beiden mittleren Säulen gesetzt. Diese zeigen, wie auch die übrigen Säulen, korinthische Kapitelle, welche schmale, leicht überhöhte Gebälkstücke tragen. Darüber setzt sich die Vertikale der Säulen in Postamenten fort, auf denen insgesamt acht große Statuen stehen: sechs männliche, nach vorne gerichtete Figuren sowie an den Seiten je eine weibliche Figur. Die männlichen Figuren stellen Götter und Halbgötter der griechischen Mythologie dar, von Apoll bis Herakles. Letzterer – zweite Statue von rechts – ist an seiner geschulterten Keule zu erkennen. Hinter den Statuen sieht man, den sechs vorderen Säulen entsprechend, ebenso viele Pilaster. In die Nischen der hochrechteckigen Fenster des Piano nobile sind kleinere Säulen eingestellt, ebenso zu Seiten des Balkonfensters in der Mittelachse. Oberhalb des Kranzgesimses verläuft eine steinerne Balustrade, die aber nicht, wie es manchmal Stiche des 18. Jahrhunderts darstellen, mit Statuen und Vasen geschmückt ist. – Zum Wesen der Barockkunst gehört die Symmetrie, jedoch nicht schematisch und unbedingt. Das Genie kann sich im Einzelfall und in bestimmter Absicht davon lösen – und Schlüter tat es. Er setzte den von drei auf fünf Achsen verbreiterten Risalit asymmetrisch vor die Fassade des Spreeflügels, sodass der Risalit ein ganzes Stück nach Norden verschoben ist: Fünf Fensterachsen zählt man dadurch nördlich, aber sieben südlich des Risalits. Es ist die Frage, inwieweit diese »Unregelmäßigkeit« Besuchern und Gästen des Königs bewusst wurde. Die vom Großen Schlosshof erfolgende zeremonielle Vorfahrt erreichte den Inneren Hof in dessen nördlichem Teil. Der Besucher näherte sich also dem Großen Treppenhaus schräg von links, sodass er die längere südliche Rücklage perspektivisch verkürzt wahrnahm. Hinzu kam, dass während der meisten Zeit des Tages die beiden letzten Achsen wie auch die Hofseite des im rechten Winkel abknickenden Schlossplatzflügels im Schatten lagen. – Ein großes, ebenso stimmungsvolles wie informatives Gemälde des Schlüterhofs ist Eduard Gaertner zu verdanken. Das 1830 gemalte Bild zeigt den Innenhof mit den ihn umgebenden Gebäuden nach Süden, also mit Blick auf den Risalit von Portal I. Links ist das Große Treppenhaus dargestellt, und deutlicher als auf den Photographien erkennt man, dass der Boden vor dem Portaleingang merklich höher liegt, um zu den Seiten hin gleichmäßig abzufallen. Die vielen Staffagefiguren auf Gaertners Gemälde zeigen, dass die Schlosshöfe von den Berlinern als öffentlicher Raum betrachtet wurden. Die stets unverschlossenen Portale ermöglichten einen regen Durchgangsverkehr zwischen Schlossplatz und Lustgarten. Erst 1890 bekamen die Portale schmiedeeiserne Tore, und die Höfe blieben fortan verschlossen; gleichzeitig wurden die Erdgeschossfenster von Portal III bis Portal V mit Gittern versehen.

67 **Kleiner Schlosshof. Quergebäude und Alabastersaal, 1881**
Von einem Standort im nördlichen Teil des Hofes, nahe dem Spreeflügel, fällt der Blick auf das Lynarsche Quergebäude und den niedrigeren Alabastersaal; dahinter sieht man die den Westflügel des Schlosses bekrönende Kuppel. Im Gegensatz zu den Fassaden der beiden Gebäude im Großen Schlosshof sind diese hier im östlichen Hof wirkungsvoll gegliedert und dekoriert. Zur Angleichung an die Schlütersche Gestaltung wurde die Fassade des Quergebäudes 1873 neobarock überformt, eine Maßnahme, bei der die Dachzone ihre Renaissancegiebel verlor. Beibehalten wurde die sich zwischen dem dritten und vierten Geschoss befindende, auf vorkragenden Bögen ruhende Galerie. Hinter den hohen Fenstern des rechten Gebäudes befindet sich der Hauptfestsaal des Schlosses, wie ihn sich der Große Kurfürst gewünscht hatte. Als Baubeginn ist 1679/80 anzunehmen; die Fertigstellung erfolgte 1685. Architekt des auf Repräsentation hin angelegten Saalbaus war Johann Arnold Nering. Den Namen hatte der Saal nach den hier aufgestellten Marmorstatuen, die man als »Alabaster-Figuren« bezeichnete, obwohl das Material Alabaster nirgends Verwendung gefunden hatte. Als das Schloss unter Eosanders Leitung nach Westen erweitert wurde, gab es Pläne, den Querriegel durch eine anspruchsvolle, homogene Architektur zu ersetzen, wozu es allerdings nie kam. Für die zeremonielle Zufahrt zum Großen Treppenhaus wurde die unter dem Festsaal liegende Durchfahrt benutzt. (Vgl. Abb. S. 62.)

69 **Großes Treppenhaus. Erster Rampenlauf, 1916**
70 **Großes Treppenhaus. Blick zur Decke, 1916**
73 **Großes Treppenhaus. Erster Treppenlauf, um 1925**
So wie schon im 18. Jahrhundert ein Besucher, zum Beispiel ein Gesandter, dem eine Audienz gewährt wurde oder der zum König gerufen worden war, Mühe hatte, im Großen Treppenhaus den Überblick zu behalten, so ist es auch für den heutigen Betrachter der historischen Photographien nicht leicht, die Struktur des Treppenhauses nachzuvollziehen. Treppen- und Rampenläufe spannen sich in der Höhe wie Brücken, deren Funktion und Richtung nur nach und nach deutlich werden. Die Läufe sind durch einen schachtartigen Mittelraum voneinander getrennt und scheinen vor verschlossenen Türen zu enden; die Wege nach oben – es geht immer rechts herum – sind mehrfach gebrochen und erschweren die Orientierung. Der herkömmliche Name »Wendeltreppe« findet seine Erklärung durch die Baugeschichte: Schlüters Aufgabe bestand

darin, zwei ältere, getrennte Anlagen – eine Wendeltreppe zum Gehen und eine Wendelrampe zum Reiten – in einem gemeinsamen Treppenhaus unterzubringen und dieses in die vorhandene Architektur einzupassen, und zwar so, dass ein großer, im zweiten Obergeschoss liegender Raum erhalten blieb. Der Beginn der Bauarbeiten für das Große Treppenhaus wird mit 1698 oder 1701 angegeben, je nachdem ob die aufwändigen Vorarbeiten und Planänderungen mit in Betracht gezogen werden oder nicht. Vollendet wurde der Um- und Neubau im Jahre 1706. Über den Rampenaufstieg konnte der König in seine Gemächer reiten oder sich in einer Sänfte hinauftragen lassen. Auf einem Gemälde von Eduard Gaertner, 1828, sieht man, wie ein Trupp Wachsoldaten auf der Rampe nach oben marschiert, zum Dienstbeginn im Schweizersaal. (Gut zu erkennen ist der gepflasterte Rampenlauf im Vordergrund der Abbildung auf S. 69.) Der im Grundriss quadratische, etwa 8 mal 8 Meter große Treppenschacht mit einer doppelt übereinander gestellten Säulenarchitektur – unten dorisch, oben ionisch – erlaubt einen freien Blick zu dem großen, *al fresco* gemalten Deckengemälde. Geschaffen wurde es von Nikolaus Bruno Belau, einem Schüler des Hofmalers Augustin Terwesten. Dargestellt ist – ein beliebtes Motiv – der Kampf der olympischen Götter mit den Giganten. Die Decke des Treppenhauses ist symmetrisch eingeteilt in das eigentliche Gemäldefeld und in zwei stuckierte Streifen über den Läufen mit je einem runden Feld in der Mitte. Wie für die Barockkunst charakteristisch, hat Schlüter das Gemälde durch vollplastische Gruppen ins Dreidimensionale fortgeführt: auf der tageslichthellen Hofseite die Göttin Pallas Athene, auf der Innenseite des Mittelraums der Blitze schleudernde Zeus. Zwei von diesem gestürzte Giganten sieht man in Höhe der Balkonbrüstung, zwischen Gebälk und Stuckdecke förmlich eingeklemmt. Unter Wilhelm II. wurde das Treppenhaus partiell verändert. So erhielten die Geländer üppigere Formen, und die sie verbindenden kurzen Pfeiler bekamen horizontale Abschlüsse, auf die neobarocke Bronzekandelaber gestellt wurden.

71 **Großes Treppenhaus. Skulptur an der Decke des Mittelraums, 1944**

72 **Großes Treppenhaus. Der Blitze schleudernde Zeus, 1941**
Die in das Deckengemälde hineinragende Skulpturengruppe, oberhalb der breiten Bogenöffnung, stellt in barocker Bewegtheit den Göttervater Zeus sowie drei weitere, deutlich kleinere Figuren dar. Zeus, von kräftiger Statur, auf einem Adler heranstürmend, hält in seinen Händen Donnerkeil und Blitz als die ihm eigenen Attribute. Umgeben von Putten und einer liegenden Frauengestalt, ebenso entschlossen wie beherrscht nach unten blickend, schleudert er seine Blitze gegen die Giganten, die sich gegen ihn und die übrigen olympischen Götter aufgelehnt haben. Von den in das Treppenhaus niederstürzenden Widersachern haben sich zwei auf die Ecken eines Gebälks gerettet. (Vgl. Abb. S. 73.) Der pathetisch-dramatischen Inszenierung entspricht auf der gegenüberliegenden Fensterseite die Skulptur der Pallas Athene mit Schild und Lanze, den Kampf gegen die Giganten unterstützend. Allegorisch gesehen meint es den Aufstand des Chaos gegen Gesetz und Ordnung. Und so steht hier Zeus für Friedrich I., der als Herrscher das Recht schützt und das Schicksal der Untertanen in geordnete Bahnen lenkt. An der Ausführung der nach Schlüters Entwürfen entstandenen Skulpturen war maßgeblich Giovanni Simonetti beteiligt, der auch bei den Skulpturen des Elisabeth-Saals mitwirkte.

74 **Rotes Zimmer (Raum 835). Blick nach Norden, 1916**
Der Raum befand sich im II. Stockwerk des Spreeflügels, über dem Gewölbe des Querschiffs der Erasmus-Kapelle. Der Name bezog sich auf die ursprüngliche Ausstattung mit rotem Damast, als Königin Sophie Charlotte das Zimmer innehatte. Später gehörte der Raum zu den Elisabeth-Kammern, den Wohnräumen der Königin Elisabeth Christine, Gemahlin Friedrichs des Großen, die das Rote Zimmer als Speisesaal nutzte. Der Blick geht zur nördlichen Schmalseite des etwa 14,5 Meter langen Raums, doch fällt als erstes der große, barock geschwungene Deckenspiegel ins Auge, der mit einem Wolkenhimmel bemalt ist. Umgeben ist das Mittelfeld des Deckengemäldes von einer illusionistisch ausgeführten Stuckbalustrade (ein Eindruck, der sich so aber nur vom Mittelpunkt des Zimmers aus ergab). Die von Andreas Schlüter erstrebte Verschmelzung von Malerei und Plastik kommt besonders eindrucksvoll in der Voute, der Deckenkehle, zum Ausdruck. Die Reliefs beziehen sich auf die Themen Hochzeit, Liebe und Bacchanal. So zeigt das Voutenrelief der nördlichen Schmalwand mehrere Putten, die sich, trunken vom Wein, zu tanzen bemühen. In der rechten Hälfte des Reliefs sieht man eine Herme des Priapus, des antiken Gottes der Fruchtbarkeit und der männlichen Liebeskraft, dessen übergroßer Phallus hier sittsam verdeckt ist. Das Relief in der Voute rechts über dem hohen Spiegel zeigt in weißem Stuck eine Prachtvase mit daneben lagernden Figuren, ein Motiv, das sich auf der

Fensterseite wiederholt. In den freien Feldern der Voute sind in arkadischer Landschaft bacchantische Szenen dargestellt, gemalt 1702 von Augustin Terwesten. Ungewöhnlich ist die balkenartige, als Bogen ausgebildete Türverdachung, die man an der nördlichen Schmalwand sieht und die sich an der südlichen wiederholt. Im Bogenfeld selbst befindet sich eine vergoldete Agraffe, ein Schmuckwerk, das den Bogen mit dem Türsturz verbindet. Bekrönt ist die Verdachung mit einer unter Friedrich Wilhelm IV. aufgesetzten Puttengruppe. Aus dem 19. Jahrhundert stammen auch Kamin, Fußboden und Möblierung des Raums. Die Rundbilder an der nördlichen Wand, beiderseits der Tür, zeigen jeweils ein Doppelporträt: links die preußischen Prinzen Adalbert und Waldemar, rechts die Prinzessinnen Elisabeth und Marie. Gemalt wurden diese »Kniestücke« 1835/36 von Karl Wilhelm Wach. Bei dem großen »Bild« an der rechten Längwand handelt es sich um einen Bildteppich, auf dem ein höfisches Turnier mit vielen Beteiligten und Zuschauern dargestellt ist. Der offizielle Zugang zum Roten Zimmer erfolgte vom nördlich gelegenen Schweizersaal aus durch ein dem Raum der Königin beigegebenes Vorzimmer.

Funktional gesehen handelt es sich um eine Kombination von niedrigem (französischen) Kamin und hochgestelltem (deutschen) Kachelofen. Ein architektonisches Relikt ist das in der hinteren rechten Ecke zu erkennende Podest, auf dem eine weiße Skulptur steht. Das mit einer Stufenbank umgebene Podest musste – wie auch das in der nordwestlichen Ecke – aus baulichen Gründen stehenbleiben, als man die an den Wänden entlanglaufenden Bänke entfernte, auf denen sich zuvor die Wachsoldaten ausgeruht hatten. Bleibt ein Blick auf die Decke, die schon in die künstlerische Verantwortung Eosanders fiel. In ihrem Hauptteil weist sie einen gemalten Wolkenhimmel auf; in der Voute sieht man eine als Scheinarchitektur gemalte Balustrade, die auf dem Gesims zu stehen scheint. Über die Brüstung sind in Abständen Teppiche gelegt, die von Vasen mit üppig gefüllten Blumen beschwert werden. Weil der Darstellung des namentlich nicht bekannten Malers die fluchtende Perspektive fehlt, kippt die ganze Balustrade nach vorne, samt den sich an die Brüstung lehnenden Menschen. Als Zuschauer warten sie vielleicht auf die im Dienst des Königs stehenden Schweizer Söldner, welche mit Trommeln und Trompeten den Herrscher anzukündigen pflegen.

75 **Schweizersaal (Raum 814). Blick in südöstliche Richtung, 1941**

Der Zugang zum Schweizersaal erfolgte über das Große Treppenhaus, und man betrat ihn durch eine Tür in der westlichen Längswand, durch deren Fensteröffnungen der Raum auch sein Licht erhielt. Die im Wesentlichen durch Schlüter ab 1703 bestimmte Innenarchitektur lässt den 27 Meter langen und 9,5 Meter breiten Raum mehr klassizistisch als barock erscheinen. Hervorgerufen wird dieser Eindruck durch die vielen hohen Pilaster und die gleichmäßig angeordneten Rechteckfelder sowie dadurch, dass die Deckenkehle keinerlei plastischen Schmuck aufweist. Über den hochrechteckigen Wandfeldern aus Stuckmarmor sieht man gemalte Nischenbögen mit ebenfalls gemalten Büsten. Eingefasst werden die Felder und Scheinnischen von kannelierten Pilastern mit korinthischen Kapitellen. Das rundbogige Portal am linken Bildrand öffnet sich zu einer Treppe und zu Nebenräumen. Auf der rechten (westlichen) Seite befindet sich eine Reihe von Oberlichtfenstern, die – wie die größeren Fenster darunter – zum Treppenhaus hin liegen. Verglichen mit der nüchternen Flächigkeit der Wände wirken die beiden Kamine, von denen auf der Abbildung einer zu sehen ist, wie Fremdkörper.

76 **Erste Paradevorkammer (Raum 799). Blick auf die nördliche Wand, 1916**

Im Spreeflügel begannen die Paradekammern mit den beiden nördlich des Schweizersaals gelegenen Räumen. Der erste von ihnen, in dem auch ein Cembalo stand, diente als »Spielzimmer«; hier wurde musiziert, aber auch Karten gespielt. Jedenfalls gab es zur Zeit Friedrichs I. im Schloss kein eigenes Konzertzimmer. Die Aufnahme zeigt die Erste Paradevorkammer mit den im 19. Jahrhundert vorgenommenen Veränderungen. Dazu gehören zum Beispiel die Rahmung der inneren Deckenfelder und die vielen schematisch gemalten Ordenssterne. Der Blick fällt zunächst auf die Tür der nördlichen Schmalseite und die beiden daneben hängenden Gemälde. Unter dem Laubgebinde der hohen Supraporte erkennt man eine Krone, die auf einem Kissen zu liegen scheint. Die Schmuckformen der Voute wurden von Schlüter geschaffen. In den Ecken befindet sich jeweils eine große Muschel, die seitlich von Sphingen gehalten wird. Eine Sphinx mit Menschenkopf, Löwentatzen, Stiernacken und Adlerflügeln – wie es hier der Fall ist – symbolisiert die vier Elemente. In Barockschlössern sind Sphingen immer weiblich, und in der Regel sind zwei von ihnen symmetrisch zueinander gruppiert. Vieldeutig ist der Symbolgehalt der Muschel; hier steht sie wahrscheinlich für Fülle und Fruchtbarkeit. Auf dem Boden sieht man zwei barocke Tische mit Marmorplatten, wobei auffällt, dass jeweils ein Tischbein einen Adler, das andere einen »Wilden Mann« darstellt. (In der Heraldik wurde der »Wilde Mann« oft als Schildhalter dargestellt, so etwa im preußischen Staatswappen.) Vor der rechten (östlichen) Wand steht ein in Paris hergestellter Schreibsekretär, eine Rokoko-Arbeit des 18. Jahrhunderts. Die im Raum zu sehenden Bilder wurden von Antoine Pesne geschaffen. Es handelt sich um Porträts von Schwestern Friedrichs des Großen; dargestellt sind (von links nach rechts): Amalie, später Äbtissin in Quedlinburg, Luise Ulrike, die spätere Königin von Schweden, und Philippine Charlotte, die spätere Herzogin von Braunschweig-Wolfenbüttel.

77 **Zweite Paradevorkammer (Raum 798). Blick zur Decke, 1916**

Dieser Raum war das letzte »Wartezimmer« vor dem Schlafzimmer der Kurfürsten seit Johann Georg und diente als solches auch noch unter Friedrich III./I. bis zum Schlossneubau. Danach führte der Zeremonialweg vom Großen Treppenhaus und dem Schweizersaal durch die beiden Paradevorkammern zu dem nördlich von diesen gelegenen »Königszimmer«. Türen und Supraporten waren ähnlich gestaltet wie die der Ersten Paradevorkammer. Der Hauptunterschied lag in der Decke, die aus der Entstehungszeit stammte. Man nimmt an, dass es sich bei der künstlerischen Ausgestaltung des Raums um eine frühe Arbeit Schlüters handelt. Die Abbildung zeigt den oberen Teil der südlichen Schmalwand und den größten Teil der Decke. Über der Supraporte sieht man in der Voute einen breiten, an den Enden eingerollten Bogen, dessen Scheitel ein stumpfwinkliges Dreieck bildet. Die von dem Bogen gerahmte Fläche zeigt vor einem lichten Himmel eine altarähnliche Architektur. Bogenartige Fassungen wie an den Schmalseiten gibt es auch in der Mitte der Langseiten, doch sind die Dreiecksgiebel hier durch unruhig gefasste Wappenkartuschen gesprengt. Diese hängen über breiten antikischen Kesseln, welche Medusenhäupter und Schlangen zeigen. Die Gorgo Medusa mit Schlangenhaaren und furchterregendem Blick, eine der drei Gorgonen, hat hier die apotropäische Funktion, feindliche Mächte abzuwehren und sie nach Möglichkeit siegreich zu überwinden. Unter den Kesseln, in Höhe der »Balustrade«, befinden sich Relieftafeln mit antikischen Szenen: links die Vorführung Gefangener vor dem siegreichen Fürsten, rechts der Triumphzug eines siegreichen Helden mit einem Viergespann. In den Zwickeln zwischen den Bögen sieht man Putten, welche Vorhänge in die Höhe raffen. Davor erscheinen Gestalten, die auf thronartigen Sesseln sitzen, deren Unterbau von kleinen, nicht näher erkennbaren Figuren getragen wird. Die weibliche Gestalt in der linken Ecke ist die Allegorie der Stärke; ihr rechter Arm ruht auf einem Säulenstumpf, der linke auf dem Kopf eines Löwen. Die Figur, die schräg in der rechten Ecke sitzt – weniger gut zu erkennen –, verkörpert mit Krone und Zepter das Königtum. Unterhalb dieser weiblichen Allegorien erblickt man weiße Gewandfiguren, Frauen und Männer, halb sitzend, halb hingestreckt und paarweise einander zugeordnet, dabei jedoch weder sich noch die vergoldete Sitzfigur anschauend. Das vielfigurige Deckenbild, begrenzt durch einen schweren geometrischen Rahmen, soll die Verherrlichung des preußischen Wappens darstellen. Ausgeführt wurde das Gemälde wohl 1698/99, vielleicht auch erst mehrere Jahre später aus Anlass einer Ergänzung der Decke.

78 **Kugelkammer (Raum 806). Blick nach Norden, 1916**

Die Kugelkammer lag nördlich im Anschluss an die Braunschweigische Galerie und diente dem Großen Kurfürsten und auch noch Friedrich III./I. als Wohn-, Beratungs- und Audienzzimmer, weshalb der Raum auch Kurfürstenzimmer genannt wurde. Der Name Kugelkammer kam daher, dass hier vier schwedische Kanonenkugeln aufbewahrt wurden, die während des Dreißigjährigen Krieges ins Schloss eingeschlagen waren. Aus der Zeit Friedrich Wilhelms, des Großen Kurfürsten, stammen noch die Stuckdecke und der am linken Bildrand gerade noch zu sehende Marmorkamin »in holländischem Geschmack«. An den Wänden hängen in dichter Reihung Ganzfigurenporträts brandenburgischer Kurfürsten in vollem Staatsornat. Auf dem Gemälde rechts neben dem Fenster ist Johann Sigismund, der Großvater des Großen Kurfürsten, dargestellt. Aufmerksamkeit verdient der mit kostbaren Hölzern eingelegte Fußboden, in dessen ovaler Mitte man unter dem Kurhut die Initialen CF3 erkennen kann: Churfürst Friedrich III. Die Gliederung des Bodens spiegelt formal die Decke mit deren Hauptgemälde. Als Kostbarkeit galt der von König Friedrich I. nach 1701 erworbene Kronleuchter aus Bergkristall. Nicht uninteressant ist, dass die Kugelkammer auch einem zeremoniellen Zweck diente: Bei Hochzeiten am Königshof wurden hier nach der Trauung die Ehekontrakte unterschrieben.

79 **Braunschweigische Galerie (Raum 810). Blick nach Süden, 1916**

Der etwa 35,5 Meter lange und 4,5 Meter breite Raum diente eine Zeit lang als Gästewohnung für die »herzoglichen Herrschaften von Braunschweig«, die mit den Hohenzollern eng verbunden waren. Für die Besucher und die mitanreisenden Hofdamen ließ der Soldatenkönig die große Fläche in kleinere Wohnräume unterteilen. Der Zugang erfolgte vom Schweizersaal aus durch zwei größere, vor dem eigentlichen Wohnbereich liegende Räume. Erbaut hatte die Galerie der Große Kurfürst 1680/85, doch fällt die Ausführung der Decke schon in die Zeit Friedrichs III./I., und zwar in dessen Zeit als Kurfürst, wohl um 1690. Ein Indiz dafür ist das an den schmalen Enden der Decke angebrachte Monogramm des Churfürsten Friedrich: CF3. Eine Wiederherstellung der Galerie erfolgte ab 1854 und zog sich, bedingt durch aufwändige Restaurierungsarbeiten, bis 1861 hin. Von der kunstvoll gestalteten Decke lässt die Aufnahme nur wenig erkennen. In der Mittellinie sieht man hintereinander eine Reihe von Gemälden, zwischen denen jeweils eine Rosette liegt. Ansonsten ist die Decke reich geschmückt mit muschelförmigen Kartuschen, wuchernden Pflanzen und Kriegsgerät sowie Putten, die mit kleinen Ritterrüstungen spielen. In den Nischen gegenüber der Fensterseite hat man Porzellane verschiedener Manufakturen untergebracht. Auch der große Glasschrank vor der südlichen Schmalwand ist für die Aufnahme wertvoller Porzellane bestimmt, besonders wird in ihm Meißner Porzellan aus dem 18. Jahrhundert zur Schau gestellt.

80 **Drap-d'or-Kammer (Raum 796). Allegorie des Friedens, 1916**

81 **Drap-d'or-Kammer (Raum 796). Blick zur Westwand, 1916**

Ihren französischen Namen hat die Kammer erst in späterer Zeit erhalten. Zunächst hieß der mit Samt ausgeschlagene Raum Rote Kammer und diente Friedrich I. – aber auch schon seinen kurfürstlichen Vorgängern – als Grand Cabinet. Hier wurde »Kabinettspolitik« betrieben, und von dem, was mit den Räten besprochen wurde, sollte nichts nach außen dringen. Die Drap-d'or-Kammer gehörte nicht mehr zum Spreeflügel, sondern war der erste Raum der Staatsappartements des Lustgartenflügels. An den Schmalseiten hatte der Raum jeweils zwei Fenster; die Innenwände wiesen für die Enfiladen jeweils zwei Türen auf. Abweichend von anderen Räumen gab es hier weder Säulen noch Pilaster, und auch das sonst übliche Deckengemälde fehlte. Dafür war die Voute besonders reich und phantasievoll gestaltet. Für die Dekoration des Raums stand Schlüter und seiner Werkstatt nur ein halbes Jahr zur Verfügung, vom Beginn des Winters 1700 bis zum Frühjahr 1701. Seitdem war Schlüter am Hofe auch als Innenarchitekt und Dekorateur unangefochten. Ursprünglich war der Raum mit Goldbrokat »drapiert«, und Gold war überhaupt der vorherrschende Farbeindruck, der durch die vielen Verspiegelungen noch verstärkt wurde. Verspiegelt waren sogar die Fensterlaibungen, denen vergoldete Holzschnitzarbeiten appliziert waren. Die Abbildung auf S. 80 zeigt eine Allegorie des Friedens: Eine weibliche Figur, umgeben von floralen Motiven, hält in den Händen eine Blume und einen Palmzweig. Auf dem Boden liegen funktionslos ein Bündel Speere, eine Streitaxt und eine Kriegstrommel. Unterhalb der weiblichen Figur sieht man ein Medusenhaupt und ganz oben eine Kartusche mit einer Muschel; bekrönt wird das Ganze mit einer etwas zu groß geratenen Königskrone. An den Seiten kann man Akanthusweibchen und Lorbeerzweige ausmachen. Die kunstvoll ausgeführte Arbeit ist wegen des Spiegels dahinter mehrfach durchbrochen. Der Blick auf die westliche Wand des Raums zeigt dessen ganze Fülle und Pracht. Zum Ausdruck kommt das besonders in der Deckengestaltung, aber auch in der Wanddekoration. Die großen, aus Holz geschnitzten Supraporten lassen eine Art Balustrade erkennen. Darüber sind die spiegelsymmetrisch verdoppelten Initialen FR angebracht. Zwischen den Enfilade-Türen sieht man einen Kamin mit Marmorrahmung und eine auf Konsolen ruhende »Verdachung«, die in der Mitte zu einem Giebel gerundet ist. An der Wand darüber ist eine große, hell leuchtende Kartusche angebracht, die an beiden Seiten von Lisenen aus Stuckmarmor flankiert ist. Die in barockem Stil gehaltenen Stühle stammen, wie auch das Tafelparkett, aus der Zeit Friedrich Wilhelms IV.

82 **Drap-d'or-Kammer (Raum 796). Blick zur nördlichen Fensterseite, 1916**

Diese Aufnahme muss zusammen mit der Abbildung auf S. 81 gesehen werden. Der Blick fällt hier auf die Fenster der Lustgartenseite, während eines der beiden Hoffenster in dem hohen Wandspiegel erscheint. Zu erkennen sind auch die Holzschnitzarbeiten an den verspiegelten Fensterlaibungen. Das Hauptaugenmerk beansprucht die in künstlerischer Hinsicht einzigartige, von Schlüter gestaltete Decke. Über den Längswänden sieht man große geschwungene Bögen, die gemalte Wolkenhimmel begrenzen. Nach oben hin sind die mehrfach gestuften Bögen eingerollt; sie reichen bis an den äußeren Rand des großen runden Deckenspiegels. An den Schmalseiten schwingen breite, flachere Bögen fast bis an die ovalen Spiegel in den Ecken heran. Durch die Rundungen ergibt sich eine von diesen begrenzte spitzig-sechseckige Fläche, die mit zahlreichen Reliefs ausgefüllt ist. Einen großen Teil der Decke nimmt die Scheinkuppel ein, aus deren verspiegelter, ovaler Mitte ein Kronleuchter herabhängt. Um die »Laterne« herum zieht sich ein aus acht trapezförmigen Kassetten bestehender Ring; in jeder zweiten Kassette kann man – ähnlich wie bei den Supraporten – die kunstvoll ineinander geflochtenen Initialen FR erkennen.

83 **Drap-d'or-Kammer (Raum 796). Kartusche über dem Kamin, um 1925**

Die auffallend große Kartusche befindet sich in der Mitte der Westwand, oberhalb der Kamin-Bekrönung. (Siehe Abb. S. 81.) An ihren Rändern ist die Kartusche mit einem schmalen goldenen Band umzogen; an den Seiten greift sie auf die Stucklisenen über. Der dunkel gehaltene Hintergrund lässt die Fläche der Kartusche und die lebhaft bewegte Skulpturengruppe besonders hell erscheinen. Eine der beiden weiblichen Gestalten, die mit nach außen gewendetem Kopf, stützt eine ovale Kartusche mit dem verschlungenen königlichen Monogramm. Eine zweite, darüber schwebende Gewandfigur hält mit ihren Händen die Königskrone. Es handelt sich bei dieser Frauengestalt um Minerva, die Göttin der Weisheit sowie – zur Funktion des Raums passend – des guten Rates und der weisen Beschlüsse. Dass sich die Krone in einer »Schieflage« befindet, wird damit erklärt, dass Soldaten der Figur einst mutwillig den Kopf und die linke Hand abschlugen, jedenfalls wurden diese Körperteile später falsch angesetzt. Auf Grund ihrer besonderen Qualität hat man die Figurengruppe dem sonst in Dresden tätigen Bildhauer Balthasar Permoser zugeschrieben, zumal sie in Alabaster gearbeitet ist, während Schlüter und seine Werkstatt Stuck bevorzugten.

84 **Rote-Adler-Kammer (Raum 795). Blick nach Westen, 1916**

Diese Kammer war architektonisch und gedanklich das Gegenstück zur Schwarzen-Adler-Kammer, mit der zusammen sie den Rittersaal über Portal V »einrahmte«. Während sich die Schwarze-Adler-Kammer auf Ostpreußen und die Königswürde bezog, war die »Brandenburgische Kammer«, wie die Rote-Adler-Kammer auch genannt wurde, dem Kurfürstentum Brandenburg gewidmet. Dem 1701 gestifteten Schwarzen-Adler-Orden fügte Friedrich Wilhelm II. 1792 den Roten-Adler-Orden hinzu. Seitdem war, wie es Goerd Peschken ausdrückte, »mit dem Namen Rote-Adler-Kammer die inhaltliche Symmetrie der Zimmer auch sprachliche Symmetrie geworden«. Ein Vergleich mit der benachbarten Drap-d'or-Kammer (Abb. S. 81) macht deutlich, dass Schlüter hier die Wände und noch mehr die Decke ganz anders gestaltete. Bei einem Blick auf die westliche Wand fällt als erstes der förmlich aus seiner Nische hervorquellende Ofen ins Auge, eine Art überdimensionale Heizvase, die zur ursprünglichen Ausstattung gehört. In der Beschreibung eines Inventars von 1793 heißt es: »Eine kupferne schön getriebene und versilbert gewesene Vase in Form eines Kamin-Ofens«. Friedrich Nicolai hatte sie 1786 einfach als »antike Urne« bezeichnet. Im Zuge einer Restaurierung, die seit 1843 durch Friedrich August Stüler und Albert Dietrich Schadow vonstatten ging, wurde der Kaminrahmen erneuert, der Ofen höher gehoben und die zuvor gesprengte Nischenrahmung geschlossen. Die ursprünglich mit Wirkteppichen ausgespannten Wände – mit »gewürckten Tapeten«, wie sie ein Verzeichnis nennt – wurden zur selben Zeit durch Seidendamast mit eingewebten roten Adlern ersetzt. Die beiden zum Rittersaal führenden Türen, genauso gestaltet wie die in der Schwarzen-Adler-Kammer, weisen hohe Supraporten mit Vasen, Blumen und üppigem Rankenwerk auf. Zu beiden Seiten der Türen sieht man Pilaster aus Stuckmarmor mit barocker Umgestaltung des klassischen korinthischen Kapitells. Als Besonderheit galten die geschnitzten Holzvertäfelungen der Fensterlaibungen, von denen die Aufnahme allerdings nur wenig erkennen lässt.

85 **Rote-Adler-Kammer (Raum 795). Südlicher Teil der Decke, 1916**

Das um 1700 von Samuel Theodor Gericke gemalte Deckenbild hat die »Präsentation der preußischen Königskrone vor den olympischen Göttern« zum Thema. Eine nackte weibliche Gestalt, die um ihren Leib nur einen Gurt mit dem Sonnensymbol trägt, hat die Krone in der rechten Hand. Von unten fliegt Chronos, der Gott der Zeit, herbei, um die auf einer Wolke kniende Frau unterstützend dem Olymp näherzubringen. Bei der von Putten ihres Gewandes entkleideten Frau handelt es sich um die personifizierte Wahrheit: die *nuda veritas* der römischen Antike, die durch die Zeit enthüllte Wahrheit der Barockallegorie. Gemeint ist, dass sich das Königtum als neugeschaffenes Faktum durchsetzen und bei den anderen Mächten Anerkennung finden werde. Die Blickrichtung der Veritas geht zu Jupiter, dem auf einer Wolke thronenden Göttervater (oben links). Mit der Rechten umfasst er seine Gemahlin Juno, deren entblößte Brust sich als »unverhüllte Wahrheit« auf Veritas bezieht. Zu Füßen Jupiters sitzt als Zeichen göttlicher Majestät der Adler, der in seinen Krallen ein Bündel Blitze hält. Links neben dem herabhängenden Flügel des Gottes Chronos lagern auf einer Wolkenbank der Weingott Bacchus und sein Gefolge, zu erkennen an dem in die Höhe gehaltenen Thyrsusstab. Unten schließt das Gemälde mit jeweils in Vorder- und Rückenansicht dargestellten Putten ab, die eine lange Blumengirlande halten. Umgeben ist das Gemälde von den plastischen und gemalten Architekturen der Volutenzone, doch kann man nicht von einer eigentlichen Deckenumrahmung sprechen. (Siehe auch Abb. S. 84.) An den Längsseiten sieht man attikaähnliche Aufsätze aus Stuck mit Relieffeldern und allegorischen Figuren zu Seiten der Wappenkartuschen. Verbunden sind die Attika-Aufsätze durch gemalte, balkenartige Bögen mit merkwürdigen »Architekturen«. Die der südlichen Schmalseite zeigt über einem sarkophagartigen Unterbau ein Medaillonrelief mit einem Frauenkopf, wohl Minerva, die Göttin der Weisheit, als Anspielung auf Königin Sophie Charlotte. Eingefasst wird dieser Teil mit seinen »Ohren« und der segmentbogigen Verdachung durch plastisch wirkende Voluten, die kleine Gebälkstücke tragen; bekrönt ist das Ganze durch eine breitgezogene Muschelform. Auf den weit ausschwingenden Voluten sitzen Jünglingsgestalten, die mit den Händen Herrscherinsignien halten. In den Ecken unterhalb des bogenförmigen, von Hermen gestützten Gebälks sieht man große muschelartige Gebilde. Darüber erblickt man eine Landschaft, deren Himmel hinter der Scheinarchitektur in das Deckenbild übergeht.

86 **Portal V. Stuckdecke der Durchfahrt, 1913**

87 **Portal V. Risalit am Lustgartenflügel, 1910**

Das von Schlüter geschaffene Portal befindet sich mittig zum Kleinen Schlosshof, den die Durchfahrt mit dem Lustgarten verbindet. Auf Schlüter geht auch das Muschel- und Leistenwerk der Decke zurück, während die flachen Reliefs in den Bogenscheiben und in den Kassetten erst unter Friedrich Wilhelm I. hinzukamen. Dargestellt sind in letzteren die verschiedensten altertümlichen »Armaturen« (*arma* lat. = Kriegsgerät), also Utensilien, die zur Ausrüstung eines Soldaten gehören. Die neben der eigentlichen Durchfahrt liegenden Korridore wurden unter Wilhelm II. durch bogenförmige Glastüren abgeteilt. Von außen sieht man, dass die von eingestellten Säulen begrenzte Durchfahrt relativ schmal ist. Die Mittelachse zeigt darüber ein Fenster, das beidseitig vor gestaffelten Pilastern Hermen aufweist, die als Balkonträger fungieren. Die Hermen stellen Frühling und Sommer dar und wurden den Pilastern erst von Eosander appliziert, als Ergänzungsstücke zu Herbst und Winter an Portal IV. Schlüter wollte den Balkon über Wolken und gestürzten Giganten »schweben« lassen. Das Stockwerk darüber bildet das Paradegeschoss. Die Beletage ist also nicht, wie bei anderen Barockschlössern, das erste Obergeschoss, sondern das zweite. Hinter dem hohen Balkonfenster und den hochrechteckigen Fenstern daneben liegt der repräsentative Rittersaal, der in seiner Höhe das Mezzanin einschließt, daran zu erkennen, dass Schlüter die entsprechenden Mezzaninfenster blind ausführen ließ. Der Bogen des Balkonfensters wird von einem Säulenpaar mit korinthischen Kapitellen getragen. Über dem mit Rosetten geschmückten Bogen sieht man eine große Kartusche mit geflügelten weiblichen Figuren – Fama und Pax – sowie eine der Kartusche aufgesetzte Krone. Darüber befindet sich anstelle der leichteren Balustrade Schlüters eine schwer wirkenden Attikamauer – ein weiterer Eingriff Eosanders. Von der Rücklage sind rechts zwei Achsen zu sehen mit verschieden gestalteten Fensterverdachungen. Unter den Fenstern des Mezzanins ist jeweils ein Omphalos, ein »Nabelstein«, angebracht; zwischen den quadratischen Fenstern erkennt man über den horizontalen architektonischen Schmuckformen paarweise angeordnete Adler mit ausgebreiteten Schwingen. Unten rechts, vor dem Gebäude, schiebt sich eine unter Friedrich Wilhelm IV. entstandene niedrige Begrenzungsmauer mit Balustrade ins Bild. Bei der Figur auf dem Postament handelt es sich um einen Oranierfürsten, den Wilhelm II. 1907 zusammen mit vier weiteren Fürsten aus dem Hause Oranien als bronzene Standbilder vor dem Lustgartenflügel aufstellen ließ.

88 **Rittersaal (Raum 792). Blick nach Osten, 1916**

Der Rittersaal gehörte zu den im II. Stockwerk liegenden Paraderäumen Friedrichs I., welche den gesamten Lustgartenflügel einnahmen und sich im Spreeflügel bis zum Schweizersaal hinzogen. Herausgehoben war der Saal durch seine Lage über Portal V, gleichsam als architektonisches Pendant zum

Elisabeth-Saal über Portal I. Für einen der Repräsentation dienenden Raum wies er verhältnismäßig kleine Abmessungen auf: Er war etwa 16 Meter lang, 13 Meter breit und 10 Meter hoch. Der König nutzte den Raum als Fest- und Speisesaal für die engere Hofgesellschaft; der Name bezieht sich auf die »Ritter«, womit die Träger des Schwarzen-Adler-Ordens gemeint sind. Hier im Rittersaal fand 1703 auch das erste Ordensfest statt. In Bezug auf seine Ausgestaltung galt der Saal als ein Höhepunkt der Raumkunst Schlüters, der die gesamte Dekoration in drei Jahren, 1700 bis 1702, entwarf und ausführte. Der Blick fällt – über den in gleichmäßigem Muster verlegten Intarsienboden hinweggleitend – auf die Ostwand mit dem berühmten Silberbuffet und den beiden in der Enfilade liegenden Türen. Über diesen befinden sich zwei Erdteil-Darstellungen, nämlich Amerika und Asien. (Siehe Abb. S. 92 und 93.) Außerdem erfasst der Blick einen Kronleuchter aus Bergkristall, der erst im 19. Jahrhundert in den Raum kam, einen Teil der Decke mit ihren bewegten Eckkompositionen sowie (auf der Photographie oben rechts) einen balkonartigen Vorbau über dem Hauptzugang.

89 **Rittersaal (Raum 792). Das Silberbuffet vor der Ostwand, 1916**
Das die östliche Schmalseite bestimmende Prunk- oder Schaubuffet wurde von Eosander von Göthe entworfen, in einer Augsburger Werkstatt gearbeitet und spätestens 1706 in dem ganz auf Weiß und Gold abgestimmten Raum aufgestellt. Für einen Speisesaal war das ein denkbar passender Schmuck, der gleichzeitig auch eine Geldanlage darstellte. Über einem breiten, in der Mitte einschwingenden Buffettisch, der in einer langgezogenen Kehle Laubornamente und Löwenköpfe erkennen lässt, ist das kostbare Buffet pyramidenartig aufgebaut, mit neun großen Schüsseln sowie Bechern, Kannen und schmückendem Rankenwerk mit kleinen Figuren. Alle Teile sind aus Silber getrieben und zusätzlich vergoldet. Etwas unharmonisch wirkt ein über der obersten Schüssel aufragender »Münzhumpen«, der hier erst nachträglich seinen Platz fand. Optisch begrenzt wird das Silberbuffet durch kannelierte korinthische Pilaster, deren Kapitelle ein mehrstufiges Gebälk tragen. Bei genauem Hinsehen entdeckt man in den Kapitellen anstelle der Voluten jeweils zwei kleine Adler mit hochgestellten Flügeln. Der Fries ist mit Akanthuslaub geschmückt, aus welchem – oberhalb der Erdteil-Plastiken – jeweils zwei Putten herauswachsen, die gemeinsam eine Muschel tragen.

90 **Rittersaal (Raum 792). Westlicher Teil der Decke, 1916**
95 **Rittersaal (Raum 792). Voute über der Fensterwand, 1916**
Der barocke Zusammenklang von Architektur, Plastik und Malerei zeigt sich meisterhaft im Rittersaal, hier mit den Namen Schlüter und Johann Friedrich Wentzel verbunden. Kompositorisch wird das von Wentzel geschaffene Deckengemälde durch eine Längsachse und durch zwei Diagonalen bestimmt. Die Längsachse läuft von der Höhe des Thronbaldachins bis zu der des Silberbuffets an der Ostwand, während der Schnittpunkt der beiden Diagonalen durch die Rosette der Kronleuchteraufhängung markiert ist. Das Thema des Gemäldes könnte – bei aller scheinbaren Unübersichtlichkeit – heißen: Die rumreichen Taten Friedrichs I. und die Weisheit seiner Regierung. Der axialen »Leitlinie« mit dem Auge folgend, sieht man über dem Baldachin den Grundriss eines Festungsbauwerks, nämlich den der Spandauer Zitadelle. Neben einem jungen Mann, der die Zeichnung entrollt hat, ist Rochus Graf zu Lynar, der Baumeister, dargestellt. Besser zu erkennen ist die größer gemalte Frauengestalt, deren behelmter Kopf links neben der Bauzeichnung zu sehen ist. Mit der ausgestreckten Rechten hält sie eine Keule. Es handelt sich bei der Figur um eine Allegorie der Stärke, was auch durch den ihr beigegebenen Löwen zum Ausdruck kommt. Rechts unterhalb des Grundrisses sieht man – wenn auch in den Einzelheiten undeutlich – den Fassadenriss des Zeughauses, also eines der militärischen Stärke dienenden Waffenarsenals. Der Leitlinie Richtung Deckenmitte nachgehend, erblickt man einen Adler mit ausgebreiteten Schwingen. Der Adler, das Wappentier Brandenburg-Preußens, fliegt empor zum Licht der Sonne. In die linke (südliche) Längswand der Decke ragt der sogenannte Trompetenchor hinein. Von den an seiner Brüstung dargestellten Waffen kann man besonders gut eine neuzeitliche Kanone erkennen. Dem Trompetenchor genau gegenüber, zum Lustgarten hin, befindet sich eine große Rundbogenöffnung, deren oberer Teil auf den Abbildungen zu sehen ist. Künstlerisch bedeutend ist die noch in den Fries des Bogens hineinragende, nahezu vollplastische Frauengruppe: Ein liegender weiblicher Genius hält eine Wappenkartusche mit dem Monogramm FR; darüber schwebt eine Königskrone, die von Minerva, der Göttin der Weisheit, mehr berührt als gehalten wird, während die geflügelte Gestalt links – Fama, die Personifizierung des Ruhms – mit jeder Hand eine Fanfare hält, dazu bereit, die Nachricht von der Königskrönung aller Welt mitzuteilen. Oberhalb der Figurengruppe entfaltet sich ein von Putten gehaltener Mantel mit dem silbernen Stern

des übergroß dargestellten Schwarzen-Adler-Ordens. Schräg darüber, auf der Abbildung S. 95 zum oberen linken Bildrand hin, sieht man eine große, geflügelte Frauengestalt. Sie sitzt, in Untersicht gemalt, schräg auf dem Konsolgesims. Über der Brust trägt sie eine breite Schärpe; ihr wallendes Gewand geht in den Ordensmantel über. Die Gestalt gilt als Personifikation der ritterlichen Tugend oder »Mannhaftigkeit«. Von dem wallenden Mantel zu einem Teil verdeckt, sieht man dahinter den breiten Fries. Seine vergoldeten Reliefs berichten von den Taten des griechischen Helden Herakles, im übertragenen Sinn die Taten und Tugenden Friedrichs I. Oberhalb des Ordensmantels, zur Deckenmitte hin, wird die Malerei lichter. In diesen offenen Himmel hinein stößt der Adler, gemäß der königlichen Devise: *Nec soli cedit* – Auch der Sonne weicht er nicht. (Vgl. Abb. S. 45: *Non soli cedit.*)

91 **Rittersaal (Raum 792). Westwand mit Thronbaldachin, 1916**
Vom Silberbuffet der Ostwand verläuft die Längsachse des Raums zum gegenüberliegenden Thronbaldachin, dessen roter Samtbezug mit einem goldbestickten Adler geschmückt ist. Der 1860 von Friedrich Morin herausgegebene Berlin-Führer nennt den Rittersaal ausdrücklich auch Thronsaal und beschreibt den Thron als (zwei) »Sessel von getriebenem Silber«. (Vgl. Abb. S. 98 und 115.) Man kann annehmen, dass ein Thron hier schon zur Zeit Friedrichs I. stand. Der Souverän sollte prächtig in Erscheinung treten, doch durften die Größenverhältnisse ihn nicht klein erscheinen lassen. Ein Barockarchitekt musste es daher verstehen, »von dem Maßstab möglichst großartiger Architektur zum menschlichen Maß hinunter zu gelangen«. Im Rittersaal, wie auch in anderen Räumen des Schlosses, ist das Schlüter in vollendeter Weise gelungen. Zu den Kunstgriffen, mit denen er das bewirkte, gehört hier im Rittersaal das den Raum optisch nach unten ziehende Gebälk in den Achsen neben dem mittleren Balkonfenster (auf der Abbildung oben rechts; vgl. auch die Abb. S. 88 oben links). Die Wände des Raums werden bis auf Reststreifen von kannelierten Pilastern bedeckt. Von den vier die Erdteile darstellenden Skulpturengruppen über den Türen sind hier zwei zu sehen: Afrika, zu erkennen an dem gewaltigen Löwen, sowie Europa mit der Göttin Minerva in der Mitte. Links im Bild sieht man einen der beiden Marmorkamine. Das ovale Relief darüber stellt eine Begebenheit aus der griechischen Mythologie dar: die Häutung des Satyrs Marsyas durch den Gott Apoll.

92 **Rittersaal (Raum 792). Skulpturengruppe Amerika, 1916**
93 **Rittersaal (Raum 792). Skulpturengruppe Asien, 1916**
Über den vier Enfilade-Türen befinden sich nahezu vollplastische, von Schlüter entworfene Figurengruppen, welche die vier Erdteile darstellen: Amerika und Asien an der Ostwand, Afrika und Europa an der Westwand. Ausgeführt wurden die Skulpturen von dem am Schloss arbeitenden Stukkateur Giovanni Simonetti. Die Abbildung auf S. 92 zeigt »Amerika«, verkörpert durch eine lässig hingestreckte, unbekleidete Frau mit indianischem Kopfputz. Mit der Rechten hält sie ein Steuerruder; ihren linken Fuß stützt sie auf eine Ananasfrucht, daneben liegen Bananenblätter. Mit dem linken Arm lehnt sie auf dem Kopf eines Elefanten, eigentlich kein Symboltier Amerikas, doch glaubte man damals, dass es in Südamerika, zumindest in Brasilien, Elefanten gebe. Der rechte Teil der Skulpturengruppe wird von einem Jüngling eingenommen, der Kopf mit krausgelocktem Haar, bekleidet mit einem Schurz aus Blättern oder Federn. Sich vom Betrachter abwendend, hält er mit der rechten Hand den Rüssel des Elefanten; seinen linken Fuß hat er auf einen Felsbrocken gesetzt. Das oval gerahmte Bildnis lässt drei Personen erkennen: junge Männer im Zweikampf und darüber ein aztekischer Kriegsgott mit Fledermausflügeln. An die Rundung des Bildes schmiegt sich eine Palme, die mit ihren lanzettartigen Blättern und dem vollen Blütenstand den Bogen oben verdeckt. Die Abbildung auf S. 93 stellt »Asien« dar. Eine junge Frau mit Turban und langem Gewand hält als (unchristliches) Bedrohungszeichen einen türkischen Halbmond hoch; darüber wächst eine Palme in die Höhe, die den Bogen im Scheitel verdeckt. Mit der rechten Hand fasst die Frauenfigur ein auf dem Boden liegendes Kamel um den Kopf. Unter dem Körper des Tiers liegt ein kostbarer Teppich, der hervorquellend nach unten fällt. Die Friese der breiten, an den Enden eingerollten Bögen sind abwechselnd mit Adlern und Akanthusrosetten geschmückt. Die vier Erdteile – Australien wurde ikonographisch noch nicht gewürdigt – waren im Barock ein beliebtes Bildthema.

94 **Rittersaal (Raum 792). Südwand mit Treppenhaustür, 1916**
Der Rittersaal war farblich in Silber und Gold gehalten, doch wurde der Eindruck im Ganzen durch die Vergoldung bestimmt, welche – wie spätere Farbaufnahmen zeigen – alles andere überstrahlte. Vergoldet waren das Prunkbuffet, die Türen, die Reliefs über den Kaminen, die Pilaster samt Kapitellen sowie die meisten Teile der Voute. An den Längs-

wie an den Schmalseiten weist der Raum jeweils drei Achsen auf, wenngleich von unterschiedlicher Breite. Geschickt hat Schlüter deshalb die Bögen über den Kaminen breiter gezogen als über den Enfilade-Türen. Außerdem sind die Mittelachsen der Längsseiten zusätzlich mit Säulen versehen. Von gleicher Breite sind an allen Wänden die Pilaster, hinter denen noch ein zweiter, breiterer Pilaster zu liegen scheint. Außerdem hat Schlüter eine farbliche Differenzierung vorgenommen: Die schmalen Längsstreifen der »Hinterstaffelung« sind versilbert, der kannelierte Teil ist vergoldet. In der Bildmitte sieht man die große, in das Treppenhaus führende Haupttür des Saals mit den versilberten Säulen. Diese verjüngen sich nach oben und sind mit vergoldeten, nach innen gerichteten Ranken umwunden. Über der Haupttür ist ein prachtvoller, silbern glänzender Balkon angebracht; es handelt sich um einen als »Trompetenchor« bezeichneten Musikerbalkon. Bei Festessen oder aus besonderem Anlass wurde Trompete geblasen, während für Unterhaltungsmusik andere Instrumente benutzt wurden. Wie das Silberbuffet stellte auch der Trompetenchor eine Art Geldanlage dar, galt als Teil des Staatsschatzes. Friedrich Wilhelm I., der Soldatenkönig, hatte ihn aus massivem Silber treiben lassen, und zwar in der Werkstatt des Hofgoldschmieds Lieberkühn. Friedrich II. ließ das kostbare Stück zum Zwecke der Kriegsfinanzierung einschmelzen und durch eine Kopie aus versilbertem Holz ersetzen. Die bildlichen Darstellungen des Trompetenchors beziehen sich sämtlich auf Militärisches; vor allem sind zahlreiche Waffen dargestellt, vom Wurfspeer bis zur Kanone. Die beiden seitlichen Achsen der Wand werden von Kaminen aus Marmor eingenommen. Darüber befinden sich große ovale Reliefs mit Gestalten der griechischen Mythologie. Das Relief über dem linken Kamin zeigt Apoll in musischem Wettstreit mit Pan, dem Erfinder der Hirtenflöte.

96 Schwarze-Adler-Kammer (Raum 791). Blick auf die Westwand, 1916

Der neben dem Rittersaal gelegene Raum weist an den beiden Längsseiten Flügeltüren auf, von denen die auf der rechten Seite zur Roten Samtkammer führt, während die auf der linken Seite vermutlich eine Blindtür ist. Dahinter befand sich das Schlafzimmer des Königs, welches aber von diesem wahrscheinlich nicht genutzt wurde. Was bei der Aufnahme als erstes ins Auge fällt, ist eine Zutat des späten 19. Jahrhunderts: »Friedrich der Große bei Leuthen«, ein Gemälde des damals renommierten Schlachtenmalers Wilhelm Camphausen. Der von Schlüter 1701/02 gestaltete Raum wurde wie alle Paradekammern im Laufe der Zeit wiederholt restauriert. Friedrich Wilhelm IV. ließ durch Stüler die Türen samt Supraporten sowie die mit vielen kleinen Adlern bestückte Wandbespannung erneuern. Die Voute und die Decke sind etwas unübersichtlich gestaltet, doch lassen sich bei genauem Hinsehen Einzelheiten erkennen. So sind in der Deckenkehle, oberhalb des großformatigen Gemäldes, kleinere Felder von plastischem Schmuck freigehalten, in denen anmutige Malereien zu sehen sind. Das linke der beiden Bilder zeigt eine arkadische Szene: Neben einer mit Reliefszenen verzierten Brunnenschale sitzt sinnend eine junge Frau; neben ihr, auf einem Podest, steht für das Wasserschöpfen ein Krug bereit. Im mittleren Teil der Voute – nur schwer zu erkennen – sind Putten damit beschäftigt, die Initialen des Königs, FR, aus Akanthuszweigen spielerisch zusammenzufügen, wobei die Beine des untersten der drei Putten in das Konsolgesims hineinragen.

97 Schwarze-Adler-Kammer (Raum 791). Ansicht der Decke, 1944

Das Deckengemälde wurde 1703 von Augustin Terwesten ausgeführt, einem der wichtigsten Maler zur Zeit Friedrichs I. Vorbild für das Gemälde war die Deckenmalerei im Palazzo Barberini in Rom. Das dort im Großen Saal vorhandene Bild von Pietro da Cortona stellte allegorisch den »Triumph der göttlichen Vorsehung« dar. Es galt als ein Meisterwerk der Barockkunst und war 1633–39 entstanden. Das Gemälde Terwestens lässt zu dem römischen Bild deutliche Bezüge erkennen; es könnte den Titel »Triumph des preußischen schwarzen Adlers« tragen. Diesen hat Terwesten an die Stelle der drei goldenen Bienen des Barberini-Wappens gesetzt. Und so wie eine von oben rechts aus dem Himmel herbeifliegende Frauengestalt, die Arme über dem Kopf ausgestreckt, die für Friedrich I. bestimmte Königskrone bringt, so hält die entsprechende Figur auf dem Cortona-Bild die päpstliche Tiara für Urban VIII. in ihren Händen. Auffallend bei dem Bild Terwestens sind die Proportionen der geflügelten Frauenfigur mit dem verkürzten, massigen Unterleib. Der Adler in der Mitte der Abbildung ist von einem Kranz umgeben, der zur einen Hälfte aus einem Lorbeerzweig, zur anderen aus einem Palmzweig besteht. Mit der rechten Klaue greift der Adler in einen Lorbeerzweig, mit der linken Klaue hält er den Reichsapfel. Unmittelbar am Kranz befinden sich drei weibliche

Wesen. Links sieht man, dargestellt in Seitenansicht, eine junge Frau, die mit der Hand ihres ausgestreckten rechten Arms ein Szepter hält. Rechts von ihr befindet sich, in Rückenansicht gemalt, eine Frauengestalt, deren schwarzes Haar mit Perlen geschmückt ist. Mit der Linken hält sie in Höhe des Knaufs ein Schwert, dessen Klinge nach oben rechts zeigt. Eine dritte Frauengestalt, diesmal in Vorderansicht, hält sich mit ihren Händen an dem Kranz fest, wobei sie eine leicht schwingende Bewegung auszuführen scheint. Auch bei dieser Figur ist eine starke formale Ähnlichkeit mit dem römischen Vorbild festzustellen. Die vier Putten, die sich am Kranz zu schaffen machen, korrespondieren – oben links im Bild – mit vier geflügelten Putten. Diese tragen im Wechsel Lorbeer- und Palmzweige, symbolisch für Krieg und Frieden stehend, und nehmen so auf den großen Kranz Bezug. Eingefasst ist das Deckengemälde durch eine Scheinarchitektur aus vergoldetem Stuck und verkröpften Gesimsen mit konsolartigen Stützen. Am oberen Rand der Abbildung sieht man ein ovales Medaillon mit dem Bildnis Friedrichs I., dem auf der Gegenseite das der Königin Sophie Charlotte entspricht.

98 Kapitelsaal (Raum 787). Blick auf die Südwand, 1920
99 Kapitelsaal (Raum 787). Blick auf die Westwand, 1920

Die Kapelle Friedrichs I. wurde 1879 durch Kaiser Wilhelm I. zum Kapitelsaal der Träger des Schwarzen-Adler-Ordens bestimmt. Den Namen »Alte Kapelle« hatte der Raum nach dem Bau der neuen Schlosskapelle über dem Eosander-Portal bekommen, also nach 1845. Die Einweihung des von Schlüter entworfenen Sakralraums fand am 18. Januar 1702 statt. Außer für Gottesdienste des Hofes wurde die Kapelle – ein Eckraum im II. Stockwerk des Schlüterschen Lustgartenflügels – auch für Hochzeiten und Taufen des Königshauses genutzt, und neben der Schlosskapelle in Königsberg sollte sie auch als ein Ort dienen, an dem »die Solemnia des Ordens desto bequemlicher und anständiger« begangen werden könnten. Die Höhe des ungefähr quadratischen Raums betrug etwa zehn Meter, wobei das Mezzanin einbezogen war; ihr Licht empfing die Kapelle durch eine kleine Kuppel in der Mitte der Decke – symbolisch gedeutet: göttliches Licht, das direkt vom Himmel kam. Vor der Westwand befanden sich Altartisch und Kanzel; an der Ostwand stand zu ebener Erde der »Kirchstuhl« des Königs, eine verglaste und beheizbare Loge. Die Raumschöpfung Schlüters hatte indes nur ein halbes Jahrzehnt Bestand. Eosander von Göthe, den der König Anfang 1707 zum neuen Schlossbaudirektor ernannt hatte, ließ wegen der Erweiterung des Schlosses die Kapelle an der Westseite um etwa zwei Meter verkürzen. Die Photographien zeigen den Zustand des Raums nach der durch Reinhold Persius vorgenommenen Umgestaltung zum Kapitelsaal 1879/80. Das hatte eine »Drehung« der bisherigen Kapelle zur Folge: Wo der Altartisch stand und der Geistliche auf die Gläubigen – im Wortsinn – herabgepredigt hatte, befand sich jetzt die Thronwand. Bei dem unter einem Baldachin aufgestellten Sessel handelt es sich um eine in barocken Formen gefertigte Nachbildung aus der Zeit Friedrichs I. Von Bedeutung hingegen sind die beiden Thronsessel, die auf der Abbildung auf S. 98 zu sehen sind. Es handelt sich um Sessel in der Form von Scherenstühlen aus der zweiten Hälfte des 17. Jahrhunderts. (Vgl. Abb. S. 115.) Vor der südlichen und der nördlichen Wand befinden sich jeweils zwei Säulenpaare mit korinthischen Kapitellen. Auf der Abbildung auf S. 98 kann man gut erkennen, dass die Säulen frei im Raum stehen. Über dem auf drei Seiten umlaufenden Gebälk sieht man Galerien mit großen Segmentbögen, die sich in den Raum hinein öffnen. Die dunkel erscheinenden Wandflächen hinter den Bögen sind mit rotem Samt ausgeschlagen und bilden so oberhalb der Balustrade farblich einen Kontrast zu Silber und Gold; der Raum unterhalb des Gebälks wird – die Schwarzweiß-Aufnahmen geben davon keine Vorstellung – durch das Rosa der Säulen und Pilaster bestimmt. Aufmerksamkeit verdienen auch die Ecken in Höhe der Bogenöffnungen. Man sieht oval gefasste Grisaillen und darüber jeweils ein Engelsköpfchen mit kleinen Flügeln. Hinterfangen wird das Grisaillebild von einer großen, kraftvoll gebildeten Kartusche, die sich elegant in die Rundung der »Ecke« einfügt. In der Mitte der südlichen Wand fällt der Blick auf ein großformatiges Gemälde: »Investitur eines Ordensritters durch Friedrich I.«, geschaffen 1881 von Anton von Werner vermutlich nach einer Skizze Antoine Pesnes.

100 Bildergalerie (Raum 774). Blick nach Westen, 1916
101 Bildergalerie (Raum 774). Die westliche Stirnseite, 1916

Die Galerie als fester Bestandteil einer Schlossarchitektur hatte ihre große Zeit im 17. und 18. Jahrhundert. Bedeutung gewann sie vor allem als Gemäldegalerie, in der Regel ein langgestreckter Raum mit guten Lichtverhältnissen. Die Galerie des Berliner Schlosses lag im westlichen Teil des Lustgartenflügels, also in dem Bauteil, der zu dem von Eosander konzipierten »Neuen Schloss« gehörte. Die Abbildungen zeigen nicht den ursprünglichen Zustand der Galerie; erst unter Wilhelm II. waren zum Beispiel die großen Wandteppiche an der linken (südlichen) Wand angebracht worden. Die Umgestaltung zur »Gobelingalerie« hatte ab 1913 Ernst von Ihne vorgenommen. Ursprünglich handelte es sich bei dem 61 Meter langen Raum, wie gesagt, um eine Gemäldegalerie. Zu der großen Zahl der hier ausgestellten Ölbilder gehörte auch »Napoleon Bonaparte als Konsul, den Sankt-Bernhard-Pass überquerend« von Jacques Louis David. An den Enden der Galerie markieren jeweils zwei Säulen den Durchgang zu den unterschiedlich großen »Anräumen«. Die Galerie ist in ganzer Länge von einem das Mezzanin einbeziehenden Tonnengewölbe überdeckt. Am westlichen Ende stellt das Bogenfeld die »Huldigung an Friedrich I. im Kreis der himmlischen Götter« dar. Inmitten der vielen Relieffiguren erkennt man Friedrich I., über dessen Haupt eine Krone gehalten wird. Am Gesims darunter befindet sich ein Wappenschild mit dem Monogramm des Königs, während man oben zwei geflügelte Famen mit ihren Fanfaren sieht. Zu den wohl von der Bildhauerwerkstatt des Franzosen Charles Claude Dubut geschaffenen Stuckreliefs gehören auch die in der Höhe zu sehenden Putten. Zwei von ihnen scheinen sich am äußeren Rand einer ornamental gestalteten Rundung festzuhalten. Diese umschließt eine Kreisform, die insgesamt das Aussehen eines Radfensters hat, dessen Speichen bogenförmig miteinander verbunden sind. In der Mitte, also in der »Nabe« des Rades, befindet sich das verschlungene Monogramm FWR, was darauf schließen lässt, dass die Galerie erst unter Friedrich Wilhelm I. fertiggestellt wurde. Dem durchlaufenden Gesims sind Skulpturengruppen aufgesetzt, zum Beispiel Putten mit verschiedenem Kriegsgerät. Die Abbildung auf S. 100 lässt das Gesims und den darunter liegenden Fries etwas genauer erkennen. Die Felder des letzteren sind mit detailreichen Reliefs verziert: Helme, Schwerter und Schilder, aber auch Mess- und Zeichengeräte, wie sie ein Architekt benötigt.

102 Grüner Salon (Raum 784). Blick nach Osten, 1916
103 Grüner Salon (Raum 784). Westlicher Teil der Decke, 1916
Der zu den Paradekammern zählende Grüne Salon lag im II. Stockwerk über Portal IV, sozusagen in der zweiten Reihe des zum Großen Schlosshof hin orientierten Bauteils des Neuen Schlosses. Eosander von Göthe hatte hier nach französischem Vorbild das »Appartement double« eingeführt. Der Name des 16 Meter langen Raums bezog sich wahrscheinlich darauf , dass seine Wände ursprünglich grün bespannt waren; die Bezeichnung »Marinesalon« bekam der Raum unter Wilhelm II. Das Gemälde an der Innenwand stellt ein holländisches Seestück dar, und das Bild über dem Kamin zeigt den Kaiser in Admiralsuniform. Auf Eosander gehen die Türen, das Deckengesims und die Skulpturen darüber zurück. Auch das von dem Hofmaler Johann Friedrich Wentzel nach 1700 ausgeführte Deckengemälde blieb bei der 1911/12 erfolgten Neugestaltung durch Ernst von Ihne erhalten. Bei diesem Bild geht es offenbar um die allegorische Darstellung der Elemente Feuer und Wasser. In dem unteren Teil des Gemäldes (Abb. S. 103) erkennt man den bocksfüßigen Hirtengott Pan mit der Syrinx. Hinter ihm sieht man eine sich aufreckenden weibliche Gestalt, die ihren linken Arm auf den Kopf eines Löwen stützt. Hinterfangen wird die Gruppe durch einen feuerspeienden Berg. Verschiedene Tiere zu Füßen Pans, wie Fische oder Schlangen, lassen sich in dem Dunkel der Malerei nur schwer erkennen. In der konvex gefassten Mitte des Bildes sind umherfliegende Putten sowie zwei weibliche Gestalten gemalt, die ein Gefäß halten, in welches aus dem gewittrigen Himmel Wasser fließt. Um das Element Feuer geht es auch bei den Figurengruppen in den Ecken der Voute; dargestellt sind Motive mit antiken oder biblischen Gestalten, in deren direkter Nähe lodernde Feuer zu sehen sind. Die Szene in der Südwestecke (Abb. S. 103 unten links) zeigt den Tod des Herakles auf dem Gipfel des Oetabergs: Zeus, in der Gestalt eines Adlers, hat in den Scheiterhaufen Blitze einschlagen lassen, sodass alles Sterbliche an Herakles verbrennen kann. In der südöstlichen Voutenecke der Schmalwand (Abb. S. 102 rechts) sind drei Zyklopen auszumachen, die damit beschäftigt sind, in ihrer Schmiede Waffen herzustellen. Auch die Skulpturengruppen an den Längsseiten beziehen sich auf die Gewalt des Feuers. Hoch über der zur Bildergalerie führenden Tür sind ein Dämon zu sehen, der soeben ein Feuer entzündet hat, und ein Mann mit Helm und soldatischem Gewand, der das Feuer zusätzlich anfacht. Gegenüber, auf der Fensterseite, sieht man zwei Frauengestalten, die den Göttern ein Brandopfer darbringen. Die Felder mit Grisaillemalerei an den Längs- und Schmalseiten der Decke beziehen sich auf das Element Wasser. Die kleinen Szenen stammen von dem seit 1885 in Berlin lebenden Maler Woldemar Friedrich. Dargestellt sind Tritonen und Nereiden, Götter und Halbgötter sowie Seepferde, die mit einem Triumphwagen das Wasser pflügen. Vor den nach innen gerundeten Ecken des Deckenbildes sieht man jeweils ein Schmuckschild mit dem gekrönten preußischen Adler. Umgeben sind die verschiedenen Deckensegmente von einem gleichbleibenden Rautenmuster.

104 **Königinnen-Zimmer (Raum 783). Blick nach Westen, 1916**
105 **Königinnen-Zimmer (Raum 783). Ansicht der Nordwand, 1916**

Der etwa 15 Meter lange Raum lag südlich der Bildergalerie und westlich des Grünen Salons. Der Name lässt sich auf die hier zu sehenden Bilder preußischer Königinnen beziehen. Ursprünglich hatte ein Raum mit dem Namen »Königin-Zimmer« zwischen dem Ende der Bildergalerie und dem Weißen Saal bestanden. Im Zusammenhang mit 1912 erfolgten Umbaumaßnahmen wurde das »translozierte« Zimmer um eine Fensterachse vergrößert. Gleichzeitig beauftragte Wilhelm II. seinen Hofarchitekten Ernst von Ihne, dem als Festsaal vorgesehenen Raum eine gänzlich neue Ausstattung zu geben. Als Resultat entstand ein Glanzstück historistischer Baukunst. Wie die Aufnahmen zeigen, trifft das auf die Wanddekoration ebenso zu wie auf die Decke, deren Gestaltung in den Händen von Georg Roch und Hermann Feuerhahn lag. Das große Gemälde wurde 1913 von Max Friedrich Koch ausgeführt; es behandelt in allegorischer Form das Thema »Verherrlichung Preußens als Schützerin von Kunst und Wissenschaft«. Die westliche Schmalwand zeigt links und rechts Verspiegelungen, die den Raum optisch vergrößern. Der Kamin und die beiden kannelierten Säulen daneben bestehen aus grünem Marmor, die korinthischen Kapitelle aus vergoldeter Bronze. Bei der Neugestaltung des Raums wurde die zur Bildergalerie führende Flügeltür in die Mitte der Wandseite verlegt. Tür und Supraporte harmonieren mit den durch Girlanden geschmückten Feldern über den hochrechteckigen Gemälden. In der Deckenkehle befinden sich – »nach Schlüterscher Art« auf dem Gesims sitzend – insgesamt zwölf Frauengestalten, während über der Supraporte und oberhalb des mittleren Fensters jeweils zwei Putten zu sehen sind. Von den sieben großformatigen Porträts preußischer Königinnen lassen die Abbildungen drei erkennen. Das Gemälde über dem Kamin stellt Königin Victoria (Kaiserin Friedrich) dar, gemalt 1893 von Bertha Müller nach Heinrich von Angeli. Das Bild links neben der Flügeltür zeigt Sophie Dorothea, Gemahlin Friedrich Wilhelms I., gemalt von Antoine Pesne; rechts neben der Tür sieht man Elisabeth Christine, Gemahlin Friedrichs des Großen. Man muss annehmen, dass es sich hierbei um die Kopie eines für diesen Zweck wenig geeigneten Gemäldes von Pesne handelt. Nach barockem – auch neobarockem – Kunstverständnis hätten die beiden Figuren zueinander nicht »getreppt« sein dürfen, sondern bei gleichen Maßen auf derselben horizontalen Linie liegen müssen.

106 **Ansicht der Lustgartenfront. Portal IV (Mitte)**
107 **und Portal V (links), 1894**
108 **Portal IV. Risalit am Lustgartenflügel, 1910**
109 **Portal IV. Die Bronzegruppen der Rossebändiger, um 1930**

Von dem nördlich des Schlosses gelegenen Standort des Photographen aus lässt sich fast die gesamte Lustgartenfront übersehen. Die Fensterachsen links neben Portal V werden durch eine Baumgruppe verdeckt. Rechts von diesem Portal reichte der Schlüterbau ursprünglich sieben Achsen weit; die letzte Achse wurde dann von Eosander von Göthe beseitigt, um hier das von ihm konzipierte Portal IV anzufügen, das sich in seiner architektonischen Gestaltung am Schlüter-Portal (V) orientierte. Den sechs verbliebenen Fensterachsen links von Portal IV folgte dieselbe Anzahl nach rechts, wobei Eosander die Formen der Fenster und der Gesimse übernahm. Erst ab dem Eckvorsprung des zum Lustgarten hin sieben Fensterachsen zählenden Westflügels – der Vorsprung beträgt 1,75 Meter – veränderte Eosander die Formen, und zwar im Sinne einer Vereinfachung, vor allem im Bereich des Mezzanins. Im Erdgeschoss vollzog sich unter Friedrich Wilhelm I. eine Veränderung aus ganz anderem Grund. Nachdem der »Soldatenkönig« seine Wohnung zum Lustgarten hin genommen hatte, ließ er einige Erdgeschossfenster verbreitern, um in den Räumen mehr Licht zu haben, aber auch um die etwa 500 Mann starke Truppe der »Langen Kerls«, seines Leibregiments, beim Exerzieren besser beobachten zu können. Bei den vergrößerten Fenstern handelt es sich links vom Eckvorsprung um das zweite und dritte, rechts davon um das dritte bis fünfte Fenster. Weil sich der König wegen seiner Gicht eine Warmluftheizung einbauen ließ, musste in den Wohnräumen der Fußboden um einen halben Meter angehoben werden. Dadurch saßen die Fenster dieser Räume von innen gesehen zu tief; deshalb ließ er einfach die Verdachungen aufsägen, wodurch die Fenster an Höhe gewannen. Wegen des gewollten einheitlichen Aussehens der Fassade erfolgte diese Maßnahme an allen Fenstern rechts von Portal IV. Die beiden vor diesem Portal auf hohen Postamenten stehenden Bronzegruppen der Rossebändiger waren ein Geschenk des Zaren Nikolaus I. an seinen Schwager Friedrich Wilhelm IV. Modelliert hatte die 1846 aufgestellten, grün patinierten Skulpturen Peter Jakob Clodt von Jürgensburg. – Es ist für das Auge nicht leicht zu erkennen, dass das Terrain von links nach rechts, also von Ost nach West – wie auch auf der Schlossplatzseite – etwas abfällt, am besten auszumachen an dem nach rechts höher werdenden Begrenzungsmäuerchen der dem

Schloss vorgelagerten Terrasse. Demgemäß ist der Durchgang von Portal IV ein Stück höher als der von Portal V. Zum optischen Ausgleich hat Eosander deshalb Portal IV insgesamt breiter gemacht, um ihm mit diesem Kunstgriff die gleichen Proportionen wie dem Schlüter-Portal zu geben. Dadurch erklärt sich die »Spreizung« der Mittelachse: Die Fenster sind annähernd quadratisch und das obere, das Balkonfenster, weist keinen Halbkreisbogen, sondern einen Korbbogen auf. Über diesem befinden sich eine Wappenkartusche und – in den Rosettenfries des Fensters hineinragend – zwei Trompete blasende Famen. Die den Balkon stützenden Hermen stellen die Jahreszeiten Herbst und Winter dar und gelten als Werk des sächsischen Hofbildhauers Balthasar Permoser. Am rechten Bildrand erkennt man die Adlersäule und das Reiterstandbild Wilhelms I.

110 Großer Säulensaal (Raum 556). Östliche Schmalwand, 1916

111 Großer Säulensaal (Raum 556). Blick nach Westen, 1916

Dieser Saal – nicht zu verwechseln mit dem Pfeilersaal des Schlossplatzflügels – lag im I. Stockwerk des Lustgartenflügels über Portal IV. Er gehörte zu den Königskammern, die sich von Portal V bis zur Schlossfreiheit erstreckten und zu den bedeutendsten Raumschöpfungen des Berliner Frühklassizismus zählen. Es war Friedrich Wilhelm II., der nach seiner Thronbesteigung die für ihn vorgesehenen Räume neugestalten ließ. Schon Ende 1786 rief er Friedrich Wilhelm von Erdmannsdorff nach Berlin; das von diesem erbaute Wörlitzer Schloss samt seiner neuartigen Innenausstattung hatte die Aufmerksamkeit des Königs erregt. Von den neunzehn oder zwanzig Räumen der Königskammern waren es sieben, für die Erdmannsdorff die Entwürfe zu liefern und ihre Ausführung zu verantworten hatte. Er gestaltete den etwa 16,5 Meter langen und 8,7 Meter breiten, als Festsaal gedachten Raum 1787–89. Gebunden war er dabei an die Fensterachsen, vor allem an das breite Mittelfenster. Diesem gegenüber befindet sich die große, zum Parolesaal hinausgehende Flügeltür. Auffallend ist der mehrfach gestufte, seitlich mit Konsolen versehene Architrav aus weißem Stuckmarmor. Den beiden seitlichen Fenstern der Nordseite entsprechen an der inneren Längswand zwei Ädikulen, von denen auf S. 111 eine zu sehen ist. Man erkennt sie an dem hellen, vorspringenden Wandsockel. Der Name des Saals nimmt Bezug auf die insgesamt sechzehn frei vor den Wänden stehenden Säulen aus gelbem Stuckmarmor. Die Säulen tragen das durchlaufende Gebälk mit der aufliegenden Kassettendecke. Die schwer wirkende, aus sechseckigen Feldern bestehende Decke ist im Wortsinn einzigartig, was heißt, dass man für sie kein Vorbild kennt. Je nach Standort im Raum scheinen die Kassetten in diagonaler Richtung oder parallel zu den Längsseiten zu verlaufen. An den Schmalwänden ist jeweils in der Mittelachse eine halbrunde Nische ausgebildet. In der östlichen steht ein hoher Ofen aus Marmorstuck, leicht konkav geformt, mit hochovalem Reliefmedaillon. Ungewöhnlich ist, dass der Ofen – wie bei einer antiken Ara – mit Widerköpfen geschmückt ist. Das westliche Gegenstück dieses »Altarofens« bildet eine Skulpturengruppe aus Marmor: »Achill und die sterbende Penthesilea«, ausgeführt 1822 von Emil Wolff nach einem Modell von Rudolf Schadow. Über den Türen befinden sich querrechteckige Supraporten: Die unteren schmalen Streifen zeigen girlandenhaltende Satyrputten; die größeren Reliefs darüber stellen Szenen aus dem Leben Alexanders des Großen dar, geschaffen 1788 von Johann Gottfried Schadow.

112 Parolesaal (Raum 557). Blick nach Westen, um 1923

113 Parolesaal (Raum 557). Relief von Schadow, 1916

Dieser Saal lag im I. Stockwerk des Lustgartenflügels und – wie der benachbarte Große Säulensaal – genau über Portal IV, jedoch zur Hofseite hin. Allgemein galt der Raum schon bald nach seiner Entstehung 1787–89 als schönste frühklassizistische Hervorbringung Erdmannsdorffs. Der Saal, fast dreimal so lang als breit, wurde farblich durch den graugrünen Stuck des Wandaufbaus und den rot-braunen Stuckmarmor in den großen Feldern der Längswände bestimmt. Von diesen farblich und gestalterisch abgehoben waren die weißen Stuckreliefs, das kräftige Konsolgesims und die flach reliefierte Kassettendecke. Der Blick fällt auf die westliche Schmalwand, links die Fensterseite, rechts die innere Längswand mit einem Durchgang zum Großen Säulensaal. Von den beiden einfach gerahmten Türen ist die rechte eine Blindtür; die linke führt zu den Privatgemächern des Königs und liegt der östlichen Eingangstür zum Parolesaal diagonal gegenüber. Die Aufhebung der Enfilade sollte einem Fremden deutlich machen, dass hier der Privatbereich des Königs begann. Die großen, quadratisch gerahmten Felder über den Türen zeigen in ovalen Medaillons Viktorien: sinnende oder schreibende Siegesgöttinnen. Geschaffen wurden diese figürlichen Darstellungen nach Vorstellungen Erdmannsdorffs von Johann Gottfried Schadow. In den Proportionen ungewöhnlich sind die schmalen, fast die gesamte Raumhöhe einnehmenden

Streifen mit Reliefdarstellungen, von denen es im Parolesaal insgesamt vierzehn gibt. Es handelt sich um sogenannte Signiferi (*signum* lat. = Zeichen): römische Soldaten, welche Stangen tragen, die mit Feldzeichen, Lorbeerkränzen oder Trophäen geschmückt sind. Schöpfer dieser pilasterähnlichen Reliefs in sieben Varianten war Schadow. Hauptblickpunkt der westlichen Schmalwand ist aber eine Skulpturengruppe, die auf einen mit Rosenkränzen geschmückten Sockel gestellt ist. Es handelt sich um die Marmorausführung der berühmten Prinzessinnengruppe, dem Doppelstandbild der aus dem Hause Mecklenburg-Strelitz stammenden Schwestern Luise und Friederike, geschaffen 1795 von Schadow, der 1788 zum Hofbildhauer ernannt worden war. Mit dem Tode Friedrich Wilhelms II. 1797 wurde Luise Königin, doch ihr engherziger Ehemann, Friedrich Wilhelm III., genierte sich jetzt der als zu freizügig empfundenen Darstellung. Mit einem lapidaren »Mir fatal!« veranlasste er, dass die Skulpturengruppe in einem wenig repräsentativen Raum des Schlosses abgestellt wurde. Ihren Platz im Parolesaal erhielt sie erst 1921 mit der Eröffnung des Schlossmuseums.

114 Thronzimmer (Raum 564). Teil der Fensterlaibung, 1920
115 Thronzimmer (Raum 564). Blick zur Thronwand, 1920
Das Thronzimmer, das später Thronsaal genannt wurde, schloss östlich an den Großen Säulensaal an und gehörte zur Raumfolge der »Audienzsuite«. Der Blick erfasst die westliche Schmalwand mit dem Thronbaldachin sowie die Innenwand mit dem Kamin und die Fensterseite zum Lustgarten hin. Die Laibungen der Fenster weisen Vertäfelungen auf, in deren Mitte sich jeweils als vergoldete Holzschnitzarbeit ein Adler mit ausgebreiteten Schwingen befindet. Er ist umgeben von einem Lorbeerkranz, außerdem sieht man Ranken- und Früchtemotive: Weintrauben als Symbol der Fruchtbarkeit sowie Granatäpfel. In der Barockkunst bedeutete der Granatapfel mit der Menge seiner Samenkerne Überfluss und Fülle. – Die linke Hälfte der Schmalseite wird von dem Thronbaldachin eingenommen. Seiner mit dunkelrotem Samt bespannten Rückwand ist das preußische Wappen mit Schildhaltern aufgestickt. Das Wappen vertritt hier das Bildnis des (abwesenden) Herrschers. Der »Himmel« besteht aus einem vergoldeten hölzernen Rahmen, auf dessen Ecken kleine vollplastische Adler sitzen. Die beiden Thronsessel standen in neuerer Zeit in verschiedenen Räumen des Schlosses, zum Beispiel im Rittersaal und im Kapitelsaal. (Vgl. Abb. S. 98.) Es handelt sich um silberne Sessel mit roten Polstern in der Form von Scherenstühlen, hergestellt um 1675 in Augsburg. Die das Thronzimmer mit dem Säulensaal verbindende Flügeltür zeigt reiches Schnitzwerk. Ungewöhnlich – allerdings schwer zu erkennen – ist die Ausschmückung der Supraporte: Zwei halb liegende, halb sich mit den Vorderbeinen abstützende Sphinghen, die ihre Gesichter nach vorne wenden, und darüber in einem hellen Medaillon ein Adler, der den Strahlen der Sonne entgegenfliegt. Besonders ins Auge fällt die kräftig gestaltete Decke, deren Mitte durch ein großes ovales Ornament bestimmt wird. Eingefasst ist dieses durch stuckiertes Rahmenwerk, wobei die von den Ecken ausgehenden Bögen den Raum höher scheinen lassen als er in Wirklichkeit ist. Durchbrochen sind die Bögen durch große schwarze Adler, die in ihren Klauen Lorbeerzweige mit Königskronen halten. In der Mitte des großen Ovals sieht man ein Strahlenbündel, das sich zu den Adlern in Beziehung setzen lässt. Das Stuckornament der Decke wiederholt sich formal im Parkettboden. Ausgehend von einer Elfenbein-Einlage im Zentrum, wird das Oval hier von einem sechzehnteiligen, stilisierten und sich überschneidenden Blattmuster gefüllt. Auch die langgezogenen Bögen der Decke wiederholen sich im Boden. Die künstlerische Ausgestaltung des Thronzimmers erfolgte 1787/88. Sie galt früher als ein Werk Carl von Gontards, wird aber seit einiger Zeit dem fast unbekannten Carl Ludwig Bauer zugeschrieben. Dabei hatte Friedrich Nicolai schon 1786 auf Bauer mit dem Satz aufmerksam gemacht: »Besonders verdient hier ein Künstler von vorzüglicher Geschicklichkeit angeführt zu werden, nämlich Hr. Hofrath Bauer, Kastellan Sr.K.H. des Prinzen von Preußen.« Bauer besaß vielfältige künstlerische Eigenschaften; er arbeitete als Holzschnitzer und Holzbildhauer, er war Möbelentwerfer und Musikinstrumentenbauer und noch einiges mehr. Mit der Thronbesteigung Friedrich Wilhelms II. wurde Bauer von diesem mit der Gestaltung mehrerer Räume der Königskammern betraut.

116 Speisesaal (Raum 555). Blick nach Osten, 1916
117 Speisesaal (Raum 555). Blick nach Westen, 1916
Der zu den Königskammern Friedrich Wilhelms II. gehörende Speisesaal lag direkt westlich neben dem Großen Säulensaal. Erdmannsdorff, dem die künstlerische Gestaltung des Speisesaals oblag, hatte hierfür ein Dekorationsschema entworfen, das man als singulär bezeichnen kann. Das Besondere bestand darin, dass er sich fast ausschließlich Mitteln der Malerei

bediente. Aus Stuck bestanden nur die Türrahmen und das Deckengesims, während die Fensterwand mit den Laibungen großflächig mit mehr als 500 Spiegelstücken belegt war. Durch die Spiegelung der gegenüberliegenden Wand wurde die festliche Atmosphäre des Raums noch gesteigert, vor allem durch die Brechung der Lichter währen der abendlichen Tafel. Die Gliederung der Wände besteht aus »geschlossenen« und »geöffneten« Kompartimenten. Von letzteren befinden sich – wenn man die Türöffnungen dazu rechnen will – jeweils zwei in den Schmalwänden. Das in der rechten Achse der östlichen Schmalwand angeordnete Kompartiment (Abb. S. 116) täuscht eine licht Öffnung vor. Stabartige Säulchen, flankiert von arabesken Ornamentbändern, tragen ein schmales Gesims mit kleinen Karyatiden, welche wiederum Gebälkstücke mit aufgesetzten Sphingen stützen. In der Mitte dieses »architektonischen« Gebildes sieht man einen feingliedrigen Kandelaber-Brunnen, der im unteren Teil mit Satyrn und Papageien besetzt ist. Die Spitze des Brunnens, auf der drei Amoretten stehen, wird von einem flächigen Dekorationsteil hinterfangen, das an den Umriss einer Fledermaus oder eines riesigen Schmetterlings denken lässt und sich über den Faszien der Tür wiederholt. Ausgeführt wurde die illusionistische Malerei, die an pompejanische Wanddekorationen erinnert, von Johann Carl Wilhelm Rosenberg. Die mittleren Achsen der Schmalwände und zwei Achsen der inneren Längswand zeigen gemalte Wanddekorationen, in welche hochrechteckige Bilder eingelassen sind. Es handelt sich um Wachsmalereien, die 1789 von Johann Christoph Frisch hergestellt wurden. Mit dieser Maltechnik »in punischem Wachs« auf Holz oder Stein versuchte Frisch, die »enkaustische« Maltechnik der Antike wiederzubeleben. Dargestellt sind auf den Bildern im Speisesaal Szenen aus der griechischen Mythologie, in denen die Musik allegorisiert wird. So zeigt das Gemälde der östlichen Schmalwand »Orpheus vor Pluto und Proserpina«: Orpheus sucht durch sein Leierspiel die Rückkehr Eurydikes aus der Unterwelt zu erreichen. Wie für die Wände hatte Erdmannsdorff auch für Decke und Fußboden eine kräftige Gliederung vorgesehen. Die Decke weist Felder unterschiedlicher Größe mit vorherrschend groteskenartiger Bemalung auf. Das vierpassähnlich gefasste Deckengemälde zeigt einen lichten Wolkenhimmel und umherfliegende Putten. Mit der Deckengestaltung korrespondierend, lässt der mit wertvollen Hölzern kunstvoll ausgelegte Fußboden antikische Motive erkennen, zum Beispiel im ovalen Mittelfeld einen Pfau, der auf einem Korb oder auf einer Ara sitzt, und in den Rechteckfeldern Blumen und Blattwerk sowie verschiedene Schmuckgefäße. In den Ecken der Schmalwände mit der inneren Längswand sind zwei Skulpturen zu sehen: »Nymphe und Bacchus« sowie »Venus und Amor«, Werke aus der zweiten Hälfte des 19. Jahrhunderts. Hingewiesen sei noch auf den prächtigen, vierundzwanzigarmigen Kronleuchter aus Bergkristall

118 Konzertzimmer (Raum 559). Blick nach Westen, 1916
119 Konzertzimmer (Raum 559). Blick zur Decke, 1916

Wie Erdmannsdorff und Bauer so hatte auch Carl von Gontard eine Reihe der Königskammern zu gestalten. Ein übergeordnetes Ausstattungsprogramm für diese Räume gab es offenbar nicht. Das Konzertzimmer galt früher als eine bedeutende Leistung Gontards, wird aber neuerdings – wie auch das Thronzimmer (Abb. S. 115) – Carl Ludwig Bauer zugeschrieben, dem wahrscheinlich französische Stilvorlagen des Louis-seize vorlagen. Friedrich Wilhelm II., der selber virtuos Cello spielte, konnte das Musikzimmer von seinem Schlafzimmer aus betreten, und zwar durch eine Tapetentür links in der westlichen Schmalwand. Die Flügeltür in der nördlichen Innenwand (am rechten Bildrand) wurde erst 1894 gebrochen, eine Maßnahme, die den Raumeindruck beeinträchtigt, zumal die Tür nicht in der Mitte der Wand liegt, sondern nach links verschoben ist. Die Supraporte der Flügeltür zeigt in einem großen quadratischen Feld einen verspiegelten Lorbeerkranz, in dem eine stehende Frauenfigur zu erkennen ist, während die geschnitzten Bekrönungen der Spiegel aus üppigem Rankenwerk bestehen, in dem sich Musikinstrumente mehr verbergen als dass sie sichtbar werden. Oberhalb des umlaufenden Frieses setzt die Voute an. Schmale, kandelaberartige Gewächse aus vergoldetem Stuck mit tief hängenden Lorbeerfestons scheinen den Rahmen des Deckenfeldes zu stützen. Von dessen Ecken gehen breite, zur Mitte hin sich etwas verengende Spiegelbahnen aus, die in einen ebenfalls verspiegelten Ring münden, in dessen Mitte eine Stuckrosette sitzt. Die »Restfelder« an den Seiten – an den Schmalseiten dreieckig, an den Längsseiten konkav-trapezartig – zeigen Blütengewinde und Musikinstrumente. Das Dekorationsschema der Decke korrespondiert mit dem Muster des Parkettfußbodens, wobei der Stuckrosette die hell leuchtende Elfenbein-Einlage entspricht. (Vgl. auch Abb. S. 115.) Begonnen wurde mit der Gestaltung des Konzertzimmers, wie auch der übrigen Königskammern, 1787. Die Schlussabrechnungen der beteiligten Künstler datieren aus dem Jahre 1789.

HERRSCHERTAFEL

Brandenburgische Kurfürsten
Preußische Könige
Deutsche Kaiser

Kurfürst Friedrich I.	1417–1440
Friedrich II. Eisenzahn	1440–1470
Albrecht Achilles	1470–1486
Johann Cicero	1486–1499
Joachim I. Nestor	1499–1535
Joachim II. Hektor	1535–1571
Johann Georg	1571–1598
Joachim Friedrich	1598–1608
Johann Sigismund	1608–1619
Georg Wilhelm	1619–1640
Friedrich Wilhelm, der Große Kurfürst	1640–1688
Friedrich III./I. (König ab 1701)	1688–1713
Friedrich Wilhelm I., der Soldatenkönig	1713–1740
Friedrich II., der Große	1740–1786
Friedrich Wilhelm II.	1786–1797
Friedrich Wilhelm III.	1797–1840
Friedrich Wilhelm IV.	1840–1861
Wilhelm I. (Regent ab 1858, Kaiser ab 1871)	1861–1888
Kaiser Friedrich III.	1888
Kaiser Wilhelm II.	1888–1918

LITERATURVERZEICHNIS

Das Schloss? – Eine Ausstellung über die Mitte Berlins, hg. v. Förderverein Berliner Schloss, 1993.

Das Berliner Schloss. Eine Fotodokumentation der verlorenen Stadtmitte, hg. v. H. Zettler und H. Mauter, 1991.

Boddien, Wilhelm v.; Engel, Helmut (Hg.): Die Berliner Schlossdebatte – Pro und Contra, Berlin 2000.

Borrmann, Richard: Die Bau- und Kunstdenkmäler von Berlin, Berlin 1893.

Cyran, Eberhard: Das Schloß an der Spree. Die Geschichte eines Bauwerks und einer Dynastie, Berlin 1976.

Ellrich, Hartmut: Das Berliner Schloss. Geschichte und Wiederaufbau, Petersberg 2008.

Engel, Helmut; Ribbe, Wolfgang (Hg.): Hauptstadt Berlin – Wohin mit der Mitte? Historische, städtebauliche und architektonische Wurzeln des Stadtzentrums, Berlin 1993.

Geyer, Albert: Geschichte des Schlosses zu Berlin, Band I: Die kurfürstliche Zeit bis zum Jahre 1698, Berlin 1936; Band II: Vom Königsschloß zum Schloß des Kaisers (1698–1918), bearb. v. Sepp Gustav Gröschel, Berlin 1992 (Reprint I / II Berlin 2010).

Hanemann, Regina: Das Berliner Schloß. Ein Führer zu einem verlorenen Bau, Berlin 1992.

Hildebrandt, Dieter: Das Berliner Schloss. Deutschlands leere Mitte, München 2011.

Hinterkeuser, Guido: Das Berliner Schloss. Der Umbau durch Andreas Schlüter, Berlin 2003.

Hinterkeuser, Guido: Das Berliner Schloss. Die erhaltene Innenausstattung. Gemälde, Skulpturen, dekorative Kunst, hg. v. der Gesellschaft Berliner Schloss, Regensburg 2012.

Hürlimann, Martin: Berlin. Königsresidenz, Reichshauptstadt, Neubeginn, Zürich / Freiburg i.Br. 1981.

Konter, Erich: Das Berliner Schloss im Zeitalter des Absolutismus. Architektursoziologie eines Herrschaftsortes, Berlin 1991.

Krammer, Mario: Berlin im Wandel der Jahrhunderte. Eine Kulturgeschichte der deutschen Hauptstadt, Berlin 1956.

Kühn, Margarete: Das Berliner Schloss Andreas Schlüters – eine Metropole in der europäischen Kunstlandschaft, in: Die Zukunft der Metropolen I, Berlin 1984, S. 226–240.

Ladendorf, Heinz: Andreas Schlüter. Baumeister und Bildhauer des preußischen Barock, Berlin 1937 (Leipzig 1997, mit einem Nachwort von H. Börsch-Supan).

Maether, Bernd: Die Vernichtung des Berliner Stadtschlosses. Eine Dokumentation, Berlin 2000.

Meyer, Rudolf (Hg.): Albrecht Meydenbauer. Baukunst in historischen Fotografien, Leipzig 1985.

Morin, Friedrich: Berlin und Potsdam im Jahre 1860. Ein Taschenbuch für Fremde und Einheimische, Berlin 1860.

Neugebauer, Wolfgang: Residenz – Verwaltung – Repräsentation. Das Berliner Schloß und seine historischen Funktionen vom 15. bis 20. Jahrhundert, Potsdam 1999.

Nicolai, Friedrich: Beschreibung der Königlichen Residenzstädte Berlin und Potsdam, aller daselbst befindlicher Merkwürdigkeiten, und der umliegenden Gegend, 3 Bde., Berlin 1786 (Reprint 1980).

Peschken, Goerd; Klünner, Hans-Werner: Das Berliner Schloß, Frankfurt am Main / Wien / Berlin 1982.

Peschken, Goerd; Wiesinger, Liselotte: Das königliche Schloß zu Berlin, Band III: Die barocken Innenräume, München / Berlin 2001.

Petras, Renate: Das Schloss in Berlin. Von der Revolution 1918 bis zur Vernichtung 1950, Berlin / München 1992.

Reuther, Hans: Barock in Berlin. Meister und Werke der Berliner Baukunst 1640–1786, Berlin 1969.

Ribbe, Wolfgang (Hg.): Geschichte Berlins, Band I: Von der Frühgeschichte bis zur Industrialisierung; Band II: Von der Märzrevolution bis zur Gegenwart, München 1987.

Ribbe, Wolfgang; Schäche, Wolfgang (Hg.): Baumeister – Architekten – Stadtplaner. Biographien zur baulichen Entwicklung Berlins, Berlin 1987.

Schmitz, Hermann: Preußische Königsschlösser, München / Wien / Berlin 1926 (Reprint 1999).

Wiesinger, Liselotte: Das Berliner Schloß. Von der kurfürstlichen Residenz zum Königsschloß, Darmstadt 1989.

Wiesinger, Liselotte: Deckengemälde im Berliner Schloß. Mit einem Beitrag von Goerd Peschken, Berlin 1992.

ABBILDUNGSNACHWEIS

Die Photographien stammen mit wenigen Ausnahmen aus dem Archiv der ehemaligen Königlich Preußischen Messbildanstalt und der Staatlichen Bildstelle Berlin.

Landesarchiv Berlin: S. 21, 23, 52, 58, 72
Stiftung Stadtmuseum Berlin: S. 22, 59
bpk Bildagentur für Kunst, Kultur und Geschichte: S. 11, 27, 32/33, 37, 54, 66, 67, 109
Vorsatz / Nachsatz: A. Geyer 1992
Grundriss S. 122: R. Hanemann 1992

DER AUTOR

Richard Schneider, geb. 1939 in Siegburg, Studium der Geschichte und Germanistik in Bonn, Promotion und Staatsexamen, danach Fernsehjournalist. Zahlreiche architektur- und kunsthistorische Veröffentlichungen über Berlin und Potsdam sowie Herausgeber von Bildbänden über Köln, Bamberg und Trier. 1984 und 2000 Preisträger des Deutschen Nationalkomitees für Denkmalschutz.

Ernst Badstübner, Peter Knüvener, Adam S. Labuda, Dirk Schumann (Hg.)

DIE KUNST DES MITTELALTERS IN DER MARK BRANDENBURG

Tradition – Transformation – Innovation

2008
Festeinband mit Schutzumschlag, 24 × 30 cm,
516 Seiten, ca. 800 überwiegend farbige Abbildungen, 1 Beilage
ISBN 978-3-86732-010-8 € 60,–

Die mittelalterliche Kunst der Mark Brandenburg zeichnet sich durch einen großen Reichtum und durch erstaunliche Vielfalt aus. Bisher stand diese einerseits eigenständige, andererseits durch komplexe Bezüge zu anderen Regionen Mitteleuropas geprägte Kunstlandschaft jedoch eher am Rand der Wahrnehmung. Der Band schließt diese Lücke, indem er neueste wissenschaftliche Erkenntnisse von Forschern verschiedener Universitäten, Denkmalämter und Museen aus dem In- und Ausland präsentiert. Fast dreißig Aufsätze befassen sich mit den klassischen Gattungen der bildenden Kunst wie Tafel-, Buch- und Wandmalerei, Skulptur in Holz, Stein und Terrakotta, aber auch mit Textil- und Schatzkunst.

»One should not forget to congratulate the publisher on the careful production of the volume.« International Review of Biblical Studies

Jiří Fajt, Wilfried Franzen, Peter Knüvener (Hg.)

DIE ALTMARK VON 1300 BIS 1600

Eine Kulturregion im Spannungsfeld
von Magdeburg, Lübeck und Berlin

2011
Festeinband mit Leinenbezug und Schutzumschlag, 23 × 30,5 cm,
568 Seiten, 692 meist farbige Abbildungen
ISBN 978-3-86732-106-8 € 78,–

Im 19. Jahrhundert zur Wiege Brandenburgs oder gar Preußens stilisiert, ist die Altmark heute kaum als die bedeutende Kulturregion, die sie einst war, im öffentlichen Bewusstsein verankert. Vom 14. bis zum 16. Jahrhundert erlebte sie jedoch eine enorme kulturelle Blüte. Deshalb weist das damals dicht bevölkerte Gebiet mit zahlreichen großen Städten noch heute einen reichen Denkmalbestand an Werken der Architektur, Skulptur, Tafel- und Glasmalerei auf.

Der hochwertig ausgestattete und hervorragend bebilderte Band stellt die Ergebnisse einer wissenschaftlichen Tagung vor, die Historikern, Kunsthistorikern sowie Restauratoren die Möglichkeit bot, das vielfältige kulturelle Schaffen in der Altmark, die Rolle der Kulturträger und das künstlerische und kulturelle Spannungsfeld, in dem sich die Region von 1300 bis 1600 befand, zu erörtern.

»[…] ein (Ver-)Führer in die Geschichte einer Region, verfasst mit großem Fachwissen und gestaltet mit hoher Ästhetik, der zum einen die Lust aufs Entdecken verborgener Schätze weckt und zum anderen dafür sorgt, dass diese Kulturregion aus ihrem Schatten heraus und ins rechte Licht gerückt wird.« VOLKSSTIMME

Grundriss vom IIten Stockwerk des Schlosses zu Berlin.

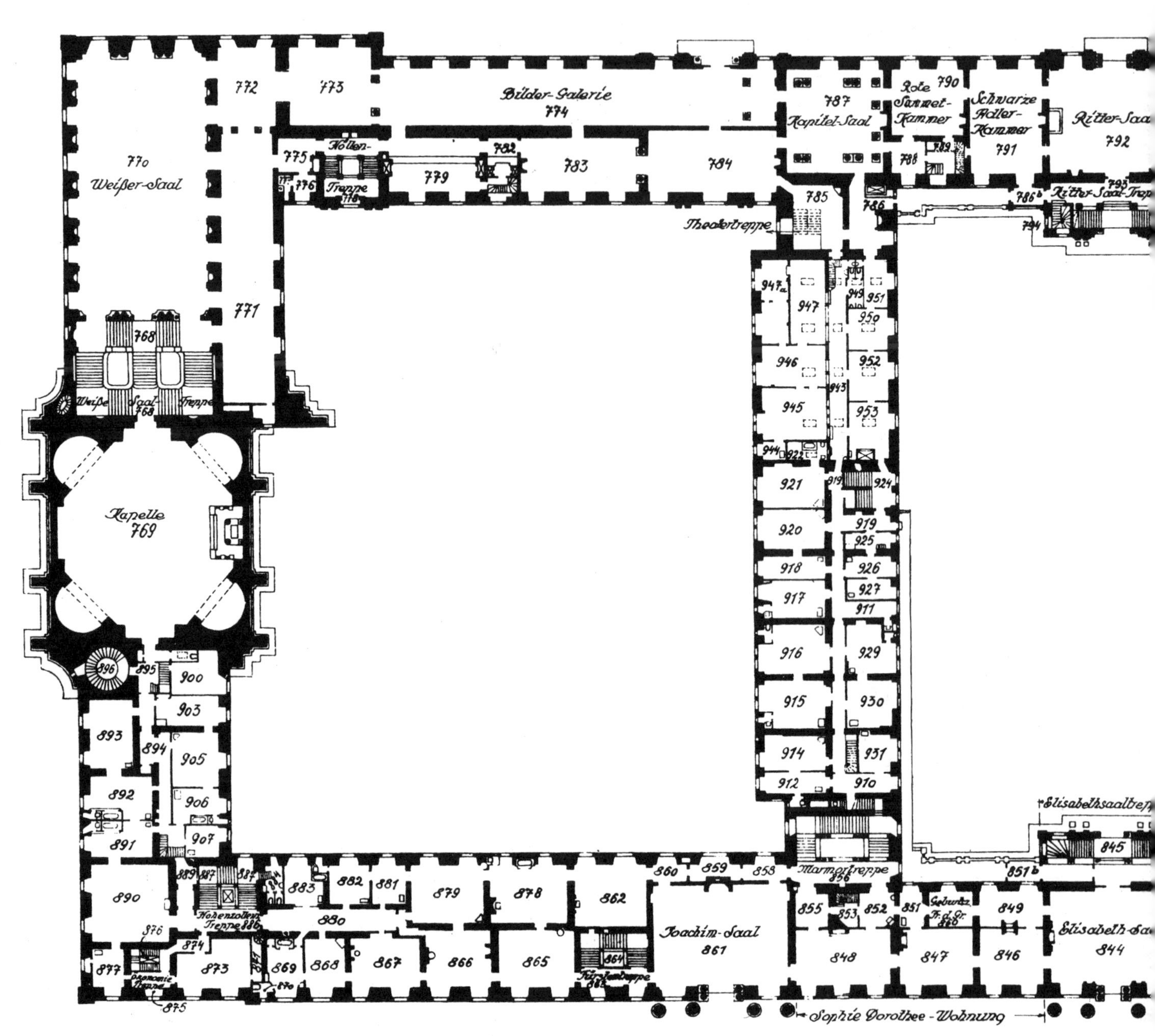